EL CÓDIGO DE LOS INFLUENCERS

IRMA BERMÚDEZ

© 2019 by Irma Bermudez

ISBN: 978-1-9162931-3-7

Impreso en el Reino Unido

NEWBRIDGE
PUBLISHING

Published by:
Newbridge Publishing
London, United Kingdom
www.newbridgepublishing.com

Descargo de responsabilidad de ingresos

Este libro contiene estrategias comerciales, métodos de marketing y otros consejos comerciales que, independientemente de mis propios resultados y experiencia, pueden no producir los mismos resultados (o cualquier resultado) para usted. No garantizo absolutamente, expresamente o implícitamente, que siguiendo los consejos a continuación, usted ganará dinero o mejorará las ganancias actuales, ya que hay varios factores y variables que entran en juego con respecto a cualquier negocio.

Principalmente, los resultados dependerán de la naturaleza del producto o modelo de negocio, las condiciones del mercado, la experiencia del individuo y las situaciones y elementos que están fuera de su control.

Al igual que con cualquier empresa, usted asume todos los riesgos relacionados con la inversión y el dinero en función de su propio criterio y a su propio costo potencial.

Descargo de responsabilidad

Al leer este libro, asume todos los riesgos asociados con el uso de los consejos que se proporcionan a continuación, con el pleno entendimiento de que usted, únicamente, es responsable de todo lo que pueda ocurrir como resultado de poner esta información en acción de cualquier manera, e independientemente de interpretación del consejo.

Además, acepta que nuestra empresa no se hace responsable de ninguna manera por el éxito o el fracaso de su negocio como resultado de la información presentada en este libro. Es su responsabilidad llevar a cabo su propia diligencia con respecto a la operación segura y exitosa de su negocio si tiene la intención de aplicar nuestra información de alguna manera a sus operaciones comerciales.

Términos de Uso

Se le otorga una licencia de "uso personal" no transferible de este libro.

Además, no hay derechos de reventa o derechos de etiqueta privada otorgados al comprar este libro. Es solo para su uso personal.

EL CÓDIGO DE LOS INFLUENCERS

Agradecimiento

Quiero darle las gracias a todas las personas que hicieron posible este libro, a los influencers que compartieron sus secretos de éxito, a mi hija Luisa Maria que me colaboró con la edición del libro, a Maria Soussa que desde un principio me ayudó con este proyecto y los diseños de gráfica, a mi padre Armando Bermúdez que me dio su perspectiva con el libro y a todos aquellos que han hecho posible esta visión.

Tabla de Contenido

METODO

MONETIZAR

Introducción

En octubre de 2018 decidí volver a Cali, Colombia; tenía un proyecto que comprendía regresar nuevamente a la ciudad donde nací. El plan era tener un canal de televisión de superación personal que tuviera como énfasis la abundancia y el éxito y, al mismo tiempo compartiría más tiempo con mi hija. También me concentraría en mi canal de YouTube, para sugerir y suscitar ideas creadoras que inspirarían a más personas. Todo estaba marchando bien y adecuadamente, además de que mi ocupación y negocio en el Reino Unido estaba funcionando normalmente, ya había subcontratado y delegado todas las operaciones de mi empresa.

Sumado a todo esto, mi salud era impecable. Tenía el plan perfecto, la única dificultad fue que comencé a desviar mi atención a cosas artificiales, ilusas y quiméricas, es decir, cosas con las que no estaba satisfecha o congratulada; en lugar de enfocarme en el recado o mensaje que tenía que enviar, sobre el cual era mi cometido y deber moral.

Este trata sobre lo siguiente: durante más de dos décadas mientras caminaba o me trasladaba por la ciudad he observado personas de diferentes edades y géneros y, cada vez que veo a alguien trabajando en oficios domésticos como limpiando pisos o ventanas y cortando césped, me pregunto lo mismo. Mis interrogantes con respecto a cada una de estas personas son, ¿por qué están haciendo lo que están ejecutando?,

1

¿cuál es su pasión, su frenesí? Muchos podrían decirme, "Irma, tú vives en un país donde todos hablan inglés y, aunque muchos son médicos y profesionales, no pueden realizar intervenciones quirúrgicas o ejecutar lo que aman (porque no hablan el idioma)". De alguna manera esta premisa podría ser real, pero entonces, ¿por qué muchos aún con la barrera del idioma experimentan en la praxis el resultado de sus propósitos y se observa un crecimiento?

Hace aproximadamente un mes, un arrendatario que ocupa uno de mis bienes y quien maneja el idioma inglés a un nivel escasamente básico, actualmente se desempeña como docente y montó su propia escuela de inglés para principiantes. Asimismo, conozco a un director de un periódico español cuyo manejo del idioma inglés no es el mejor, no es sobresaliente ni destacado, pero logró maniobrar el rumbo de su propio negocio con notoriedad y renombre, además dirigió y presidió los primeros premios tipo gala para empresarios de habla hispana en el Reino Unido. Esta es la gente que me asombra, me sorprende y admiro porque no permitieron que sus barreras mentales o físicas impidieran o frenaran sus sueños.

Estos son dos ejemplos relacionados con lo que ha sido mi misión, mi cometido y mi ardua labor durante muchos años. Sin embargo, por desventura, en octubre del 2018 (como lo decía en un principio) todo lo que estaba haciendo en mis negocios fue suspendido por mi estado físico y de salud. Me sometí a una intervención quirúrgica que aminoró mi vitalidad, una operación en realidad superflua y con la verdad a flor de piel: innecesaria. Para desdicha e infortunio mi cuerpo se infectó y mi recuperación se veía lejana. El negocio que estaba marchando sin contratiempos, de manera inesperada, entro en bancarrota por la mala administración de las personas que quedaron a cargo mientras yo estaba en la clínica Valle del Lili en la ciudad de Santiago de Cali, Colombia. En mis condiciones de hospitalización, estaba con total incapacidad y no había nada que pudiera hacer al respecto por mi empresa porque mi estado de salud me lo impedía, aunque no pude emprender de inmediato mi viaje de regreso a Reino Unido para solucionar los problemas, lo resolví. Regresé a Reino Unido sin mi apreciada y amada hija quien decidió quedarse en Colombia, la extrañaba terriblemente y estábamos con 6 horas de diferencia.

Sin embargo, un proverbio antiguo manifiesta que después de la tempestad viene la calma y aquí se cumplió, pasado el caos -ese estado de desorden y confusión- viene el orden, la coherencia y la claridad. Así mismo llega una ofrenda, un regalo, una dadiva. Creo que nada sucede sin un deseo, un objetivo y una finalidad. Mi propósito tomó fuerza, estaba determinada a abstraerme y concentrarme en mi misión y cometido. Es éste el motivo que me lleva a escribir este libro en esta época actual.

En medio de mi oscuridad invoqué a Dios, le pedí aclaración con mi misión de vida y que fuera Él quien me orientara, ahora todo está claro y diáfano para mí. Desde entonces llegué a comprender que la vida y nuestra existencia se trata de un propósito, que la riqueza sigue a la pasión, que cuando estás haciendo lo que amas todo fluye, todo mana, todo discurre y comienzas como un imán a atraer, seducir y cautivar gente hacia ti. Comienzas a generar conexiones y enlaces que te benefician. Tu miedo o el pánico que sientes se convierten en emoción, en entusiasmo y solo desde entonces te das cuenta del propósito de tu vida; tu perspectiva, tus actividades y tu vigor cambian.

En mi caso, solía seguir la riqueza y el dinero pero no estaba satisfecha y mucho menos entusiasmada, me sentía como si algo faltara. Pero cuando sigues lo que amas, lo que te apasiona, tu misión de vida, no necesitas perseguir el dinero; sino que éste viene a ti. El dinero es energía, es fuerza, es poder, y nos da firmeza. Esta energía la atraes cuando eres feliz, cuando estás agradecido y satisfecho; y solo puedes lograrlo cuando estás viviendo la misión de tu vida y tu propósito.

Este libro es parte de mi misión, de mi tarea, y es mi representación en la tierra. Tengo una gran pasión por ayudar, asistir y secundar a las personas a vivir una vida de abundancia y riqueza. Cuando yo le pregunté a Dios cuál era la mejor manera de entregar este mensaje, y así servir a mi misión y propósito, este libro fue la respuesta que recibí.

Así pues, quiero que te conectes con tu ser superior y comiences a apreciar las bondades que nos proporciona nuestra existencia, deseo que dejes de quejarte y comiences a ejecutar tus verdaderos cometidos y a realizar la misión para la que te has preparado. Solo cuando salimos de nuestra cabeza y comenzamos a confiar es cuando dejamos que aquella fuerza superior, nuestra deidad nos aconseje y nos enfile hacia la prosperidad, el auge y el progreso.

Por tanto, deja de concentrarte en lo que necesitas con tanta urgencia, en todo aquello que requieres tan desesperadamente, incluso no pienses más en lo que te irrita, lo que te impacienta y logra exasperarte. Respira y comienza a concentrarte en lo que va bien en tu vida, concéntrate en lo que aprecias, lo que quieres, lo que estimas, lo que amas. Cada uno de los obstáculos que se presenten son sólo piedras que nos llevan en el camino correcto, si te caes levántate y sigue tu rumbo, trayendo la dicha que yo estoy experimentando hoy.

Precisamente lo que aconteció en mi vida es lo que me llevó a escribir este libro. Tal vez haber perdido tu trabajo lo puedes ver como una oportunidad para hacer lo que amas, por ejemplo. Pregúntate, ¿dónde no has estado agradecido, complacido y satisfecho? ¿En qué parte de tu vida te resistes a enredarte en el camino correcto? Pregúntale a Dios o al universo cuál es el propósito de tu vida. Haz el ejercicio del libro y crea un plan, un proyecto, traza un objetivo y, por supuesto ponlo en marcha, procede ¡actúa!

En mi caso, cuando mis objetivos no salen como planifico o en la forma en que los programo, siempre me pregunto, ¿cuál es el mensaje?, ¿cuál es la enseñanza de este impase? No dejo que las circunstancias y eventualidades me fatiguen y mucho menos que me angustien, todo lo contrario, dejo que sean la guía para un propósito y un objetivo superior. Pide una señal y recibirás tu pedido, escucharás cuál es tu propósito, si estás dispuesto a preguntar. Estamos buscando líderes que quieran hacer un cambio y revolución en este mundo, que estén dispuestos a esperar; totalmente preparados para entrañarnos en la cuarta revolución industrial. ¿Estás preparado para dar el siguiente paso?

Te invito a que descubramos juntos cuál es tu misión, cuál es tu verdadera vocación, yo quiero ayudarte a encontrar la forma de vivir una vida con propósito y que se convierta en una vida abundante con los talentos que ya posees. Esto podría lograrse fácilmente a través de la sociedad. Con los canales de comunicación actuales, nunca, en la humanidad, ha sido más fácil monetizar tus habilidades y conocimientos. Nunca ha sido tan sencillo Y factible crear abundancia con lo que amas y es precisamente éste el objetivo primordial del manual que tienes en tus manos.

Además, este libro no solo trata sobre convertirse en un influencer, sino también en un crédito, en un dominio, en un influjo, en un poder que te proporcione autoridad y pujanza en el prestigio de tus objetivos. Es por eso que entrevisté a líderes en esta industria, para enseñarte qué es lo que hacen y cómo tú puedes aprender a través de su experiencia a obtener un crecimiento como el de ellos. Este libro fue escrito para inspirarte, para que ilumine tu camino y te entusiasmes a lograr lo que es posible, para que dejes ya de quejarte sobre tu situación y comiences a prosperar;

para ayudarte a encontrar una oportunidad de éxito tan poderosa que eso represente libertad para ti y los seres que viven en tu entorno.

Es posible que hayas seguido a tu influencer favorito durante años y te hayas preguntado cómo lo hace, incluso es posible que hayas pensado si podrías reemplazar tu ingreso actual y dedicarte a hacer lo mismo a tiempo completo. Aquí compartimos las incógnitas, las confidencias y los enigmas de algunos influencers de YouTube; les preguntamos cuáles han sido sus secretos para tener éxito en la plataforma de videos más importante a nivel global hasta el momento, también te compartiré cómo es posible comenzar a ganar dinero como influencer mientras creas conciencia y reflexión desde tu propio conocimiento a través de la percepción de marca, de tu propio distintivo y cómo interactuar con la audiencia de acuerdo a su forma de pensar y mucho más. En resumen, analizaremos este fenómeno mediático, examinaremos las circunstancias que lo rodean y estudiaremos a detalle influencers en esta plataforma, y cómo hacen para asegurar asociaciones rentables y se preparan para cumplir sus metas y propósitos con éxito.

Cuanto más puedas conectarte con un público específico, más fácil será conseguir oportunidades de mercadeo o comercio para influencers. Lo mejor de esto es que no necesitas muchos seguidores ni experiencia previa en publicidad. Puedes convertirte fácilmente en un influencer con buen pago con solo unos pocos miles de seguidores. Pues, se trata de las relaciones que construyes dentro de tu target. Si las personas confían en tus recomendaciones, advertencias, consejos, sugerencias y creen que eres una persona honesta, integra, recta, justa, leal y genuina que quiere ayudarlas a alcanzar sus objetivos, será más fácil para ti participar en campañas de mercadeo y comercio de influencers que se conviertan y transformen en sus clientes y socios.

Algo que quiero que tengas en cuenta es que convertirte en influencer no se trata solo de técnica, tecnología, arte o ciencia, sino de mentalidad, de parecer, de concepción y ánimo. Diré que tiene un 80% de mentalidad y un 20% de técnica. Todos sabemos que la tecnología, la ciencia y el arte siempre están cambiando y que las cosas que solían funcionar antes, podrían no funcionar hoy. La mejor muestra es "La cuarta revolución industrial", libro escrito por Klaus Schwab y estamos a las puertas de su pronta aplicación.

Ahora bien, he escrito este libro basándome en 4 elementos clave que son esenciales si quieres ser un influencer. Estos son:

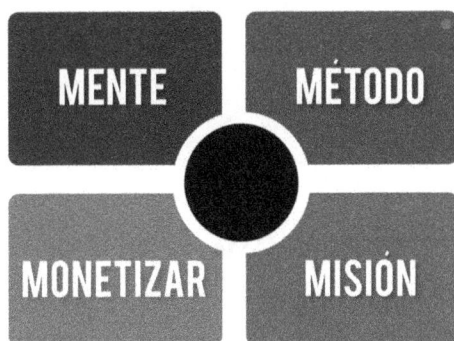

MENTE   MÉTODO

MONETIZAR   MISIÓN

Los influencers que formaron parte de este libro tienen algo en común, que es el deseo y la misión de ayudar a otras personas. Elegí muy cuidadosamente quien quería que formara parte de esta misión y sé que escogí correctamente. Vamos a empezar con la primera entrevista de uno de los influencers que formaron parte en este proyecto, su nombre es Andres Londoño.

A continuación, podrán ver su perfil, proseguido por la entrevista. Al final de cada segmento del marco de referencia, encontraran el perfil de cada influencer que formó parte en este libro proseguido por la entrevista.

¡Empecemos!

Andrés Londoño

Perfil de Redes Sociales:

Youtube: Andres Londoño https://www.youtube.com/
andreslondoñolider

Instagram: @liderandreslondono

Facebook: @Liderandreslondono

Perfil

Un loco apasionado de la vida, que durante su vasta experiencia académica, empresarial y laboral desarrolla una visión de impacto para lograr que las personas puedan desarrollar una mejor versión de sí mismos mediante momentos de conciencia para así encontrar una de las grandes búsquedas del ser humano...

¡La plenitud!

Experiencia académica

Administrador de empresas, con postgrados en marketing, retail y alta gerencia, de las universidades, Javeriana, Andes y Eafit respectivamente.

Experiencia Laboral

Se desempeñó como gerente comercial de una de las constructoras de mayor desarrollo del Valle, los últimos 4 años fue el gerente general del centro comercial Llanogrande plaza en Palmira, actualmente se dedica a su propósito.

Experiencia Empresarial

Experiencia en diferentes sectores empresariales, entre los más destacados, el sector de las franquicias donde llego a ser propietario de 10 marcas de talla nacional, además desarrollo una empresa de consultoría en marketing y actualmente desarrolla el Network Marketing con grandes resultados en Latinoamérica y posee una amplia experiencia como conferencista internacional, donde promueve un mensaje: Conciencia.

Libro: Me Voló la Tapa

Entrevista

— Irma. - Andrés, antes de empezar con las redes sociales ¿A qué te dedicabas?

— Andrés. - Era gerente general de un centro comercial de gran impacto en la ciudad principal de Palmira, Valle. Una ciudad del departamento del Valle del Cauca, la segunda ciudad más importante y era un profesional de libreto: administrador de empresas, con tres especializaciones, especialista en marketing, alta gerencia y retail en las mejores universidades de Colombia. Había comprado el libreto de ser un profesional, donde las redes sociales se consideraban no importantes, incluso entre menos público en el cargo que yo tenía era mejor, se tenía ese paradigma, pero había ese espíritu de querer ser libre y esa fue la razón por la que empiezo a hacer las redes sociales sin saber su impacto y empecé de una manera muy natural, muy real, muy desde la expresión, desde ser yo y ser libre sin saber su alcance, pero antes de las redes sociales mi vida estaba enmarcada en concepto de éxito propio, status y el libreto del cual la educación tradicional nos propone.

— Y, ¿Qué fue lo que más te animó a empezar el canal de YouTube o las redes en las que estás ahora? ¿Cuál fue la razón principal?

— Mi punto de partida fue un nuevo emprendimiento, que tiene que ver con el Netwokmarketing, es decir a través de una plataforma por internet, redes sociales y la economía colaborativa, allí empecé a entender el impacto de la información por medio de la internet, que aparece como una herramienta para darse a conocer, pero se fue volviendo un medio para dar un mensaje, escalable, rápido, democrático, donde podía empezar a expresarme cada vez más y fui aumentando la velocidad de publicar contenido que le aportara a cualquier persona y fue cuando me apasioné de las redes sociales, porque pude encontrar esa posibilidad de dar un mensaje rápido, sin política, sin limitaciones y sin barreras, donde solamente era para expresarme de forma genuina y la gente empezó a recibirlo, aplicarlo y adoptarlo en sus vidas, y hoy recibo muchos mensajes positivos donde mi contenido ha podido impactar la vida de personas alrededor del mundo. Digamos que fue un concepto de expresión.

— **¿Te acuerdas cuál fue tu primer video y como fue tu crecimiento en el primer año? ¿Hace cuánto llevas con las redes sociales, digamos en YouTube?**

— Hay dos redes que son las que están creciendo YouTube e Instagram y te voy a colocar números rápidamente, yo arranqué en 2016 el canal, entre el 2016 y 2017 el contenido fueron dos videos, donde los suscriptores fueron 2.000, en ese momento era una cantidad muy pequeña, pero el punto de partida fue en ese momento donde con inocencia, me di a conocer en YouTube y hoy estamos creciendo a un ritmo de duplicación constante, ya tiene más de 2.000.000 de visitas al canal. Estamos haciendo números impresionantes, pero arrancó con un video muy sencillo que fue un hito histórico en mi proceso del emprendimiento de la economía colaborativa, donde juntamos un video de reconocimiento por haber llegado a un nivel importante en dicha industria, desde ahí empezó la idea de seguir publicando. Hubo un segundo punto de partida en el contenido, que fue haber escrito un libro, cuando escribí el libro empezó el crecimiento en Instagram y YouTube, en YouTube crecimos 6 veces y en Instagram crecimos casi 3 veces en menos de 6 meses y creo que la razón fue haber entregado un mensaje de valor a la humanidad. Arranqué en 2017 las redes sociales, pero en 2019 ha sido el año donde he podido hacerme visible.

— **Donde ves demasiado crecimiento.**

— En el último mes hemos crecido un 30% con respecto al mes anterior y sigue cada vez más escalable, no sé si pueda decir números, pero te lo comento, pasamos de tener 50 personas que se suscribían a Instagram y hoy son 200 personas diarias, o sea 4 veces, una velocidad muy fuerte. En YouTube, lo que habíamos hecho en un año en seguidores, se agregaron 3.000 personas en el mes de julio, 3.000 personas nuevas en un solo mes y lo que cambió fue que aumentamos la velocidad del contenido, la gente está pidiendo velocidad en el contenido. Tienen sed de información, tú montas un video y no es suficiente, tienes que montar 2 diarios o 3 diarios, ya no es uno suficiente semanal. Le apostamos a ser esa parte para la gente y lo logramos, digamos que eso es lo que veo hoy que la gente nos está exigiendo velocidad de contenido.

— **Excelente. Y, ¿Cuál dirías que es tu mayor inspiración?**

— Andrés Londoño tiene un antes y un después como persona; vivió una vida de libreto hasta los 30 años, hizo lo que le habían dicho, estudió, trabajó, luchó de menos a más en todo, arranqué en mi primer empleo como aseador y termine siendo gerente general, de vender sándwich en bicicleta a ser dueño de 10 franquicias con 32 empleados, o sea de menos a más en todo, incluso de no creer en la luz eléctrica a tener una alta relación con Dios, un crecimiento espiritual fuerte, un despertar, y creo que es eso. Me inspira decirle a la gente que se puede vivir mejor, de que hay una segunda oportunidad, que está al otro lado de esas barreras, de los miedos, que sí existe la vida perfecta, que sí hay vida abundante, que sí se puede vivir mejor, que se puede vivir desde el amor, que se puede tener una relación de pareja perfecta. Hoy vivo todos los trofeos emocionales y espirituales que un individuo puede vivir, y quisiera que la gente viviera lo mismo. Me da impotencia ver personas con muchos paradigmas, creencias limitantes en sus vidas, que estén ligadas a empleos de salarios mínimos teniendo un gran potencial, que sus vidas estén sin fe. Me mueve mucho el tema del suicidio, quisiera que nadie se suicidara; después de un caso que aconteció hace poco en mi país, grité a los cielos y creo que esto tiene mucho que ver, que había decidido morir ayudando a que los demás quieran vivir; hoy esa es mi mayor inspiración, es decir que voy gastar mi vida hasta el último día haciendo que la gente quiera vivir en abundancia, en amor, en prosperidad, que entiendan que todos podemos crear una realidad, que el futuro tiene potencial, que todo lo que hay para adelante se puede superar, entendemos que somos lo que tenemos en la mente, que podemos pasar todo esto que transformó mi vida de menos a más, y darle a la gente la información que hizo que yo sintiera lo que hoy siento, y la forma en que hoy vivo, para que la gente también lo pueda vivir. Y lo último sería, generar conciencia, lo que más me inspira es generar conciencia, un despertar. Llevar a la gente a elevar su nivel de pensamiento, su nivel de merecimiento, su nivel de conciencia para que transforme sus decisiones y por ende sus acciones y así tener excelentes resultados.

— **Excelente.**

— Me mueve el gozo de la victoria, el triunfo, ver a alguien ganar y ver a un ser humano transformar su vida, eso mueve todas mis fibras.

— **Excelente. Y, ¿Cuál es tu próxima meta?**

— Omnipresencia de mi presencia, esa es mi próxima meta; dar este mensaje, a través de entregar 100% mi potencial, tengo una obligación ética, moral y espiritual de dar el 100% de mí y de entregar a la gente lo que hoy me hace vivir, lo que hace estar apasionado por la vida, en resumen, se llama plenitud, así, que quiero ayudar a las personas a que disfruten su vida y la amen tanto como yo la amo. Entonces, mi próxima meta es omnipresencia que se escuche en el mundo, sin la pretensión egocéntrica de que sea famoso, ni la pretensión de que la gente diga "Wow estaba limitado, frenado". La meta es dar mi máximo potencial, por eso estoy preparando todo para las personas que quieren cambiar sus vidas, a través de escribir más libros, conferencias, videos y audios; es decir más contenido para la gente; mejor dicho, no había hecho nada, apenas empezamos.

— **Tú sabes que la mayoría de las personas que tiene éxito tienen rutina cuando se levantan, ¿Tienes una rutina también?**

— Claramente entiendo que los hábitos determinan el futuro, soy una persona que hace 10 años arrancó a construir hábitos. Leo, me he leído más de 300 libros, ya he perdido la cuenta, tengo la rutina diaria de la lectura. Lo primero que hago es orar, digamos que tengo un espacio espiritual para menguar mi mente, para alinearme, conectarme, para estar atento a las señales, porque los milagros son para quien cree; y si la espiritualidad puede potencializar mi vida, yo le he apostado, sin religión. Tengo el hábito de orar en la mañana y en la noche, hago deporte durante una hora practico calistenia - Street Workout. Todos los días oro, leo y hago deporte, es decir, ejercito mi cuerpo, mi mente y espíritu, siempre garantizo que haya un crecimiento en esas 3 áreas, lo físico, lo mental y lo espiritual. Lo hago a diario y ese es el inicio de mi día.

— Me obsesione por el contenido de valor, y esto puede parecer una exageración, pero llevo 5 años sin escuchar música, sin ver películas que no me aporten y sin ver televisión, solo consumo contenido de valor porque comprendí que la información es a la mente como el alimento al cuerpo, entonces no pongo contenido que no me genere valor.

— Me levanto temprano, entre las 5:30 y las 6:30 am es mi despertar, no utilizo despertador, ya llevo tiempo haciéndolo y lo primero que hago es arrodillarme, orar y después empieza todo el ritual de la lectura, después el deporte, después ya arranca toda una agenda constante de trabajo, soy un obsesivo por mi propósito, trabajo todo el día, me muevo muchísimo, para crear contenido, parte del contenido que transformo y purifico a través de mi discernimiento es para trasmitirlo en las redes sociales, tengo esa responsabilidad para entregar contenido de valor y no cualquier cosa. El proyecto empresarial que desarrollo me permite tener libertad, entonces tengo una agenda libre, pero con un alto grado de responsabilidad y compromiso, haciendo un papel 100% de liderazgo en la humanidad.

— **¿Cuáles serían los 3 consejos que les darías a las personas que más quieres en esta vida? Si fueran 3 consejos.**

— Me lo digo a mí y se lo digo a todo ser humano, que sólo puedes hacer lo que amas, que la prosperidad solo está a través de cumplir tu propósito, y el propósito da prosperidad. Tenemos una gran confusión entre profesión y prosperidad, también tenemos una gran confusión entre profesión y propósito, y si pudiera ir al niño que fui, un soñador, que quería hacer tantas cosas, me hubiese encantado descubrir mi propósito desde niño y haber hecho esto toda mi vida, pero no todo es perfecto, si le diría a la gente ese primer punto. El primer punto es apostarle a tu propósito, el segundo punto, creo totalmente que la espiritualidad potencializa al éxito y que la espiritualidad no es aburrida. Plantearle a la gente una segunda mirada en su vida, que se guiaran más de su interior, menos de sus emociones y su mente, menos de sus creencias, menos de su cultura y su sociedad, que fueran más a su corazón, que fueran más hacia su interior y, que no perdieran el tiempo haciendo cosas incorrectas, lo incorrecto roba la paz, lo incorrecto roba la plenitud, o sea si la humanidad llegara a despertar de hacer solamente lo correcto, el giro del universo y la cosmovisión del universo sería totalmente diferente. Todos direccionados desde el amor, la humanidad sería diferente; hemos permitido todo lo que es lo contrario a la espiritualidad, el miedo, el ego, la mente, la carne, los gustos, las creencias, la cultura, todo esto nos ha alejado de nuestra verdadera esencia y pensaría que por lo menos a cada individuo, debo decirle que lo espiritual no es aburrido, puede potencializar tu vida y darte los trofeos más grandes que andas buscando. Hay necesidades físicas como alimentarse, hacer deporte, dormir, hay necesidades mentales como la felicidad, pero creo que hay una gran diferencia entre ser feliz y pleno, y creo que las personas que van a la plenitud, encontrarán todo. Pleno significa 100% y lo demás está dentro de la plenitud. El último, creo que el más especial que me gustaría decirle, estoy diciendo las 3 cosas que siente mi vida, la más importante es que le apuesten a un amor genuino en pareja. Yo llevo 21 años con mi esposa, arranqué a los 14 años, cuando hicimos novios, 11 años de noviazgo y 10 años de matrimonio, y algo que le ha aportado a mi vida mi felicidad, a mi paz, a todo mi ser de todo tipo de emociones, fue apostarle a un amor incondicional siendo sincero, después de haber cometido errores, después de haber hecho lo que la sociedad y la cultura dice, después de haber engañado, después de haber sido un desastre llegó un momento de conciencia, porque algo muy importante es que el dolor educa, y después de haber tenido esas circunstancias llegué a un nivel de conciencia muy fuerte de que un amor genuino magnifica al alma, magnifica al espíritu. La sociedad se está alejando de lo que nos hace plenos, hacer nuestro propósito de buscar la plenitud como primer objetivo y de tener un amor genuino de pareja único que permita manifestarse de manera real; porque la sociedad y la cultura nos lleva a infidelidad como naturaleza, nos lleva a una cantidad de paradigmas muy fuertes, de machismo, incluso ahorita de feminismo, y es la fuerza de egos de géneros que hace que no haya un amor genuino. Creo en el amor, creo en la familia y les diría que es una gran apuesta en la vida, si algo puede garantizar en la vida de un ser humano armonía, paz, aportar a su plenitud, a su felicidad, es una excelente relación de pareja, pero si algo te puede hacer más infeliz en la vida y te puede generar más problemas, más traumas emocionales, es una muy mala relación de pareja; eso sí te hace sufrir y te hace llorar. La plenitud, mi propósito y mi relación de pareja, creo y siento que puede aportarle a la vida de cualquier ser humano.

— **Y la siguiente pregunta sería, ¿Cuál sería tu punto más fuerte? Si fuera solo uno, ¿Cuál dirías que fuera ese que más resalta en tu personalidad?**

— Conciencia, soy una persona que logra observar claramente lo que no soy yo, me explico, soy un observador de mí mismo, y eso me ha permitido crecer, reinventarme, redirigir y alinear mi voluntad personal con la voluntad divina. Conciencia sería la palabra, yo he decidido ser consiente y ayudar a generar conciencia, todo el tiempo me observo, soy un gran observador de mis emociones, de mis actos, soy capaz de ver lo que pienso, siento y hago. He aprendido a pensar en lo que pienso, vivo en la técnica del abandono, es decir, estoy por fuera de mí observándome, en resumen, estoy despierto. Ese potencial, eso de Andrés Londoño es conciencia, y lo que quiero regalar, ya no veo la vida como la veía desde la mente, desde los problemas, desde vivir para pagar los servicios públicos, desde la cuota del carro, desde las cosas que me distraen de mi potencial. Hoy vivo mi vida desde otra perspectiva.

— **High yourself, como le diríamos en inglés.**

— Exactamente, hoy vivo así.

— **Tú sabes que los seres humanos tenemos nuestros puntos fuertes, pero también tenemos nuestros puntos débiles, ¿Cuál dirías que es tu mayor debilidad?**

— Claramente, reconocer lo que tengo que hacer y no hacerlo, el mismo alto nivel de conciencia me ha llevado a poder observar que no hago el 100% de eso que tendría que hacer. La misma conciencia me ha demostrado en qué estoy fallando, claramente cuando hablamos de debilidades tengo listados, pero también me he dado cuenta que mi mayor virtud, como todo individuo, es mi mayor debilidad, por ejemplo, escucho poco, al ser una persona tan obsesiva, (apasionada que es una virtud), pero es un defecto porque no soy una persona que reciba fácilmente un consejo, a pesar de que entiendo que la humildad aumenta la velocidad, que si yo fuera más humilde pudiera crecer mucho más.

Soy una persona que me enfoco en mi trabajo, me falta equilibrio en eso, yo me he logrado observar cuando mi hijo está sentado viendo televisión y me dice que lo mire, pero yo no puedo parar, estoy obsesivo con algo, llamando, escribiendo cosas y a veces siento que las debilidades se manifiestan con peso emocional en el individuo, técnicamente se llama cargo de conciencia y si yo veo mis debilidades veo que podría ser un poco más equilibrado, tengo una carga fuerte, debo confesarla y la aprovecho. Yo he ganado en muchas batallas, una de ellas, tengo un gran matrimonio, soy un gran padre, soy un gran ser humano, pero tengo una debilidad que debo mejorar y es la relación con mis padres. Nos amamos profundamente, pero por todo este proceso de éxito, de lucha, de propósito, a veces no tengo saco el tiempo para llamarlos y consentirlos. Creo que esa es una debilidad, no tener ese equilibrio entre lo profesional, el propósito, el éxito y lo familiar, principalmente con mis padres.

— **Yo creo que hay veces que cuando tenemos llamados tan grandes, digamos yo también soy una persona muy obsesiva con esta misión que tengo y sí, hay veces que uno pasa por alto cosas que también deben de formar balance en la vida de uno.**

— Exactamente. Yo tengo esa carga, cuando me acuesto a dormir y sé que no lo hice, y me lo dice mi conciencia. Hay un principio espiritual que dice "Aún en las noches me enseña mi conciencia", yo pude haberla pasado por alto porque la conciencia está diseñada para anticipar mis acciones, es el papel de ella, pero si yo no le hago caso, ella no se enoja porque ella no es ciega, claramente respeta mi proceso, permite mi libre albedrío, pero eso no quita el cargo de conciencia, que es el peso emocional de no haber hecho lo que sabía que tenía que hacer. Cuando yo hago mi escáner, hago mi evaluación, veo que siempre está esa tarea pendiente, que es como un pito silencioso, muy silencioso, donde en el fondo sé que me falta, pero tengo la justificación, que la dijiste muy clara Irma, y es que mi propósito es tan fuerte que a veces tengo que pagar un precio y el precio es el tiempo de mi familia, mi hijo, principalmente mis padres y mis hermanos también, incluso amigos. Uno paga un precio muy alto de no estar con ellos, de no dedicarles tiempo y además porque hay un principio que el amor se demuestra con tiempo más que con el dinero.

— **Es verdad. Sabes que, como seres humanos todos los días, de una u otra manera, vamos aprendiendo, cometiendo errores y esto es uno de los motivos que detienen al ser humano a seguir creciendo, que es el miedo a cometer errores, obviamente para mí, cometer errores es crecer, aprender, ¿Qué le dirías a los lectores acerca de los errores? ¿Cómo tú asumes los errores y que les aconsejarías a las personas que tienen miedo a cometer errores?**

— Varias cosas, primero que tu mayor potencial, tu mayor éxito, tu mejor versión de ti mismo está más allá de pasar esos miedos.

El fracaso antesala al éxito, eso es definitivo, no hay forma de llegar al éxito sin haber fracasado, eso es naturaleza pura, es ley, no hay nada que hacer contra eso. Es imposible tomar buenas decisiones sin haber tomado malas decisiones, las malas decisiones dan experiencia, la experiencia da buenas decisiones y las buenas decisiones dan el éxito. Es el principio del éxito, es la naturaleza pura del éxito, el error gesta el éxito. Desde muy joven entendía los problemas, por eso a los 28 años me encontraba con 250,000$ por todos mis emprendimientos, he tenido más de 7 quiebras en mi proceso de vida y nadie va a inspirar por leer solamente, puedes inspirar a través de vivir y cuando queremos transmitir y queremos inspirar, el fracaso es un gran inspirador después que se ha superado. No pierdan tiempo en sus miedos, en sus análisis de si fracaso o no, ni tampoco se queden tanto tiempo después del fracaso. Claramente vamos a fracasar y ese golpe te deja sentado un tiempo, pero entre más rápido te pares más rápido vas a lograr el éxito. Hay un principio que dice: si aumento la velocidad del fracaso, aumento la velocidad del éxito, es decir, si fracaso más rápido voy a llegar más rápido para que funcione lo que esté haciendo. Entonces, claramente creo en el fracaso, voy a decir algo absurdo, pero soy amigo del fracaso, incluso soy un enamorado de los problemas, siempre los problemas han sido la manifestación de una bendición posterior. Nunca he tenido una bendición sin que haya sido precedida de un momento negativo, que pareciera oscuro, que pareciera que no va a funcionar, que todo está como nublado y uno como que "¿Será que va a pasar?", incluso este libro es la manifestación de ese momento, de llegar a ese punto donde "¿Si? ¿No? ¿Será que lo hago? ¿Participamos? ¿No participamos?" y posiblemente hoy estoy tomando la mejor decisión de mi vida, sin saber el riesgo que estoy asumiendo, y por eso al estar participando en este libro es la manifestación real de la coherencia de que no hay éxito sin riesgo, que no hay éxito sin fracaso, que no hay éxito sin superar los miedos; y tu mayor potencial está al romper la resistencia. La resistencia del miedo y del fracaso son cambios naturales, lo que sucede es que las emociones nunca se van eliminar, lo que cambia es mi actitud, la forma de reaccionar ante las circunstancias de la vida. El miedo va a seguir apareciendo, son dos tipos de personas: los que los superan y los que no. El fracaso va a seguir existiendo y ya está demostrado que los que los superan tienen éxito. Entonces, diría que se hagan amigos del fracaso, que se enamoren de él, que lo vean con buenos ojos, que se hagan amigos del miedo, incluso diría algo más loco aún, y es que cuando existe el miedo es porque la meta es digna, quiere decir que eso que voy a hacer es tan digno que genera la emoción de miedo, porque si no genera el miedo y si no hay la posibilidad de fracasar es porque no es digno lo que vas a hacer, o sea no tiene valor, incluso el miedo es un factor de medición de escala de valor de lo que vas a hacer. A mayor miedo, mayor magnitud de lo que vas a hacer de tu meta, siempre y cuando desde la conciencia sea correcto, no podemos irnos a un caso extremista de "Es que voy a llevar un cargamento de droga", eso te va a dar miedo, pero eso es incoherente con respecto a los otros principios. He aprendido en la vida es que no puedo evaluar un solo principio, o sea puede que yo no rompa uno, pero puedo estar rompiendo otro, la vida tiene que evaluarse de una forma más holística y la forma de avanzar es que ningún principio se rompa, que ninguna ley se rompa. No podemos llegar al estado irresponsable de romper los miedos de no importarte nada y romper otros principios como hacer daño, como incumplir normas, como incumplir leyes y eso es valentía.

Hoy en día ser valiente, es hacer lo correcto; no lo conveniente. El valiente es el que actúa a pesar del miedo. La valentía es hacer lo correcto lo que sé que espiritualmente estoy obligado a hacer, lo que sé desde mi interior que estoy obligado a hacer y hacerlo, eso es ser valiente a pesar del miedo. Ser valiente no es hacer algo que claramente tiene un montón de riesgos, que rompe todas las leyes. Me creo valiente porque rompí leyes, principios y hago algo valiente, No, ser valiente hoy día es hacer lo correcto, eso es ser valiente. Y por eso creo que el miedo natural, el fracaso es natural y que tu mayor potencial está al otro lado de superar eso.

— **Excelente. Y por último sería ¿Cuáles son las 3 cosas que dirían las personas que mejor te conocen y que más te quieren? ¿En 3 palabras cómo te definirían?**

— Soy un loco apasionado de la vida, un soñador, amo la vida y amo a los seres humanos. Me mueven las personas, me mueve ayudar, servir, amar, claramente no era así, incluso desde luego no me hubiera gustado vivir desde esta perspectiva porque tenemos una carga muy alta de responsabilidad, es agotador y extenuante. No me estás preguntando

Irma, pero he recibido en los últimos 3 meses más de 1.000 mensajes de personas que han leído mi libro, que escucharon un audio, vieron un video o un post y su vida ha sido impactada, pero eso les abre una llave a atribuirse de que me pueden escribir y preguntarme "Hoy tengo este problema ¿Qué crees que pueda hacer?" y yo digo "Wow, ¿En qué me estoy metiendo?", me han escrito personas diciendo "Estoy a punto de suicidarme ¿Qué me dices?". Ahí tengo un mensaje para contestar hoy de personas que digo "Wow yo que lo declaré con tanta fuerza que ya Dios se tomó en serio la cosa", la conciencia infinita, el universo, como lo quieran llamar, se tomó tan en serio eso que yo dije y era que ya había decidido vivir y morir haciendo que otros quieran vivir y ha sido una cosa emocionante. Soy una persona guerrera, luchadora, un soñar, no podría decirlo en tan pocas palabras, pero en resumen así me considero, y mi mayor objetivo es crear momentos de conciencia, donde las personas logren potencializarse a través de elevar su nivel de pensamiento y hacerle ver eso que no han visto para que haya transformación.

— **Excelente, muchas gracias.**

MENTE

Autodisciplina

Una de las lecciones valiosas que aprendí a lo largo de los años y en estas entrevistas fue que las personas exitosas también tienen días en los que no tienen deseos ni ánimos de hacer lo que deben hacer, pero toman medidas necesarias para cumplirlas. Eso es autodisciplina, decir no a las cosas que saben que les impedirán contribuir o crecer como personas y transmitir el mensaje para que pueda inspirarse.

La autodisciplina comienza con la capacidad de controlar tu comportamiento. Eso significa: motivarte a ti mismo para hacer lo que necesitas hacer y evitar aquellas que no aportan a tu crecimiento. Sin embargo, la "capacidad de control" es solo el comienzo, y la verdadera disciplina llega cuando has entrenado tu mente de tal manera que obtienes constantemente el comportamiento que deseas.

La disciplina puede parecer un problema de fuerza de voluntad. Sin embargo, esto implica simplemente esforzarnos más para hacer las cosas, incluso cuando nos sentimos miserables, o luchar contra las tentaciones.

¿Alguna vez te has quedado despierto toda la noche hablando de algo interesante? Si es así, entonces sabes qué poder tiene la mente sobre el cuerpo. El sueño puede posponerse cuando estamos motivados por una discusión apasionada, y no se necesita mucha fuerza de voluntad para seguir haciendo algo cuando lo estás disfrutando. Eso nos da un factor esencial para la autodisciplina. Así que trata de disfrutar lo que estás haciendo y sé energizado. Tu fuerza de voluntad sube y baja con tus niveles de energía, por lo tanto, toca música enérgica, muévete, ríe y busca las partes interesantes de cualquier proyecto en el que estés trabajando. Una vez que identifique tus mejores impulsores y motivadores de energía, haz una lista y entrena tu cerebro para usarlos cuando necesites disciplina.

Del mismo modo, haz las cosas más fáciles para ti. Si te sientes estresado cuando piensas en idear algo para tu canal, por ejemplo, ¡no lo pienses! simplemente diseña la lista de contenido, puedes trabajar en esto a profundidad más adelante, pero obtendrás un mapa o una guía a seguir. Cualquiera que sea la tarea en cuestión, comienza a entrenar tu mente para que tan pronto lo pienses, puedas dar un pequeño empujón y encontrar suficiente motivación para seguir los pasos.

- **Autodisciplina y autoconciencia**

A veces es difícil resistir la tentación, ¿verdad? La fuerza de voluntad es una buena idea, pero aquí hay una solución más simple: ¡deja de presionar el botón el snooze, no apagues la alarma y sigas durmiendo si tienes metas que quieres cumplir! No tengas el reloj a tu lado para luego tener la tentación de dormir un poco más, si quieres asegurarte de que quieres despertarte más temprano para meditar o escribir tu diario de gratitud. Otra cosa que te aconsejo es que te mantengas alejado de las personas negativas que drenan tu energía.

La disciplina no significa ser inmune a la tentación. Sigue adelante y desarrolla la fuerza de voluntad para decir que no, si puedes. Pero ¿por qué no también desarrollar la sabiduría para evitar la tentación? Conoce dónde tu resistencia es baja y no te pongas a ti mismo en esas situaciones. ¿Tiene sentido pelear batallas inútiles contigo mismo? Combatir sentimientos es una batalla perdida. Es mucho más efectivo aprender sobre ti mismo. ¿Cómo estás energizado y motivado? ¿Dónde están tus fortalezas y debilidades? Aprende sobre ti y comienza a usar lo que conoces para facilitar los comportamientos que deseas. Esa es la clave para la autodisciplina.

Permíteme hacerte una pregunta, ¿en qué parte de tu vida no tienes autodisciplina, qué es esa cosa o comportamiento que te impide hacer lo que quieres en la vida, con qué te cuesta no tomar medidas? Piensa en esto por un segundo, en tu vida de 10 años más adelante, ¿cómo será en función de aquello con lo que decidas no tomar medidas hoy? Si no cambias, nada va a cambiar. Haz una lista de las cosas que puedes cambiar hoy que marcarán una gran diferencia en tu vida. Como dice una de mis citas favoritas, "no tienes que ver toda la escalera, solo da el primer paso y sigue caminando en la dirección correcta".

Autenticidad

Para destacar entre la multitud, ¡debes seguir las tendencias y crear las tuyas! Poder presentar el mismo tema antiguo con una perspectiva nueva y fresca es todo lo que se necesita para atraer la atención y entusiasmar a la gente sobre lo que tienes para ofrecer. Un error fatal que a menudo cometen los nuevos influencers es tratar de ser todo para todos y no solo eso, algunos están tratando de ser como los demás. La autenticidad es un factor importante aquí, las personas se conectarán más contigo si eres abierto y genuino.

Por otro lado, no hay piedras sin remover cuando se trata del target de mercadeo, así que no intentes reinventar la rueda ni planear alguna forma de acercarte al mercado que no se había hecho antes. En cambio, debes centrarte en seguir las estrategias existentes que han demostrado ser exitosas. Luego, agrega tu propio toque especial y único a ese enfoque.

Audacia

Al entrevistar a personas influyentes descubrimos que algunos de ellos tenían miedo al comenzar el canal, pero no permitieron que esto les impidiera llegar a donde están hoy. Si pensamos un poco en ello, ¿qué es lo que realmente te impide vivir tus sueños? ¿Qué problema es más dominante en la vida de las personas? La respuesta es: **¡MIEDO!** La gente vive todos los días con miedo. Miedo a perder su riqueza, miedo a perder a sus seres queridos, miedo a tomar decisiones equivocadas, miedo a ser ellos mismos, miedo a crecer, miedo a comprometerse. La lista sigue y sigue.

Ahora bien, la causa principal de que las personas no cumplan sus sueños **NO es el miedo al fracaso, ¡es el miedo al éxito!** El miedo a lograr realmente lo que se propusieron hacer. El miedo a vivir la vida al máximo puede haberte paralizado. Esto hará que nunca lo intentes realmente en tu negocio, o si lo intentas, sabotearás tus esfuerzos para que nunca tengas que enfrentar tu miedo al éxito, a que se burlen de ti y te ridiculicen tus familiares o amigos.

¡La mayoría de las personas viven sus vidas bajo el control de este miedo y ni siquiera son conscientes de que tiene control sobre ellos! El miedo es lo único que puede convertir sus sueños de libertad financiera, relaciones amorosas y una vida plena y significativa en un patrón de hábitos que incluyen la postergación, el auto-sabotaje y otros malos hábitos.

El miedo es el problema dominante en tu vida hoy. Por lo tanto, las dos preguntas que debes responder para vencer tu miedo son:

- ¿Qué miedo tiene más control sobre tu comportamiento? ¿Es el miedo al fracaso, el miedo al rechazo, el miedo al éxito, o son todos?

- ¿Cómo interrumpo los malos hábitos que he desarrollado como un medio de protección contra este miedo? ¿Cómo interrumpo la programación que tengo dentro de mí?

Estas son las preguntas más importantes cuando se trata de superar tus miedos. Si puedes responderlas y aplicar las respuestas, ¡tu vida cambiará para siempre!

La realidad del miedo es que es humano y es parte de la vida. No va a desaparecer. **¡Algún miedo es incluso saludable!** Es un regalo que se te da para mantenerte a salvo y acercarte a tu creador. Toda persona nace con tres miedos instintivos. Estos son: miedo a caer, miedo a los ruidos fuertes y miedo al abandono. Estos tres temores te fueron dados para ayudarte a controlar lo que sucede a tu alrededor. Piénsalo, es el miedo lo que te da la adrenalina que te hace escapar de una situación que es realmente insegura. También te da la misma prisa que te hace luchar para ganar.

Entonces, ¿qué causó que el don del miedo sea el problema número uno en la sociedad actual? ¿Por qué las personas dejan que el miedo controle sus acciones, creencias y vidas? La respuesta es la diferencia entre reaccionar al miedo y actuar con miedo. Tiene todo que ver con tu sistema de creencias. La gente reacciona instintivamente al miedo negándolo o huyendo de él. Echan de menos el poder que proviene de actuar con su intelecto, y nunca permiten que el miedo se convierta en el regalo que pretendía ser.

¡Aprende a actuar con tu intelecto exponiendo tus verdaderos miedos y las creencias que representan y libérate para que puedas seguir adelante con todo lo que debes hacer, tener y ser! Aprende a manejar el miedo y no dejes que te impida crear un estilo de vida increíble como el que convertirte en un influencer puede darte. Cuando te encuentres con el miedo, piensa en el objetivo final, piensa en los beneficios que te traerá, piensa en la cantidad de personas en las que influirás, en la cantidad de personas que puedes cambiar con tu mensaje. No dejes que el miedo te detenga, **deja que el miedo sea tu combustible para seguir adelante.**

Consistencia

Descubrimos que todos los exitosos tienen una cosa en común y es la coherencia, la clave para tener éxito en cualquier plataforma, especialmente en YouTube, que te recompensará por publicar videos constantemente y no solo eso, tus seguidores sabrán cuándo esperar contenido de ti y eso crea confianza.

La consistencia parece ser una idea aburrida a primera vista. Carece de glamur y emoción. Pero, cuando miras más allá, la consistencia es cualquier cosa menos aburrida. Contiene el secreto del logro y el éxito. Es un poder casi mágico que puede transformar vidas. La coherencia significa repetir los mismos comportamientos regularmente y sin excepciones. El comportamiento consistente es lo opuesto al comportamiento errático. Saltarse los entrenamientos es un ejemplo de comportamiento errático. Realizar todos tus entrenamientos es un ejemplo de consistencia. La consistencia crea hábitos poderosos; la falta de coherencia y las excepciones significan que debe comenzar a desarrollar los hábitos nuevamente.

Adicionalmente, la consistencia permite que las semillas crezcan y que la fruta llegue. Es necesaria una acción regular, paciente y consistente para lograr buenos resultados. Incluso ganar la lotería requiere comprar un boleto e ingresar los números. Las revistas electrónicas, los blogs y los podcasts a menudo solo duran uno o dos números y luego desaparecen.

Sus creadores se quedaron sin material o esperaron tontamente el éxito después de uno o dos esfuerzos y se dieron por vencidos cuando los resultados de sus esfuerzos fueron decepcionantes. La mayoría de los gurús del mercadeo insisten en que las ventas solo se producen después de que se hayan enviado unos siete mensajes de correo electrónico a una lista de clientes potenciales. Así que muchos serían empresarios que carecen de la paciencia y la coherencia para enviar incluso siete mensajes a sus listas, y de esta manera es poco probable que logren ganarse la confianza de sus clientes.

Casi cualquier objetivo que valga la pena alcanzar requiere esfuerzos regulares y constantes. Si quieres lograr un cinturón negro en un arte marcial, debes presentarte a una sesión de entrenamiento tras otra, te guste o no. "El 80% del éxito en la vida está esencialmente en asistir o presentarte", en el lugar donde debes estar o en la actividad que debes realizar. Al presentarte, muestras que tienes agallas y estás dispuesto a aceptar el hecho de que podrían parecer tontos si olvidan su programa de estudios o lo realizan mal.

La grandeza solo llega cuando los esfuerzos son consistentes. Los equipos campeones ganan campeonatos no porque ganen todos los partidos, sino porque juegan consistentemente bien y con determinación y, como resultado son campeones. Del mismo modo, un individuo pierde peso porque se apega constantemente a su dieta y a su régimen de ejercicio. Un fisicoculturista agrega peso muscular porque asiste constantemente al gimnasio, lo quiera o no. Los campeones no se rinden cuando se sienten cansados o aburridos o cuando los resultados parecen dolorosamente lentos. Esto nos indica que los esfuerzos diarios crean hábitos y los hábitos hacen que sea más fácil hacer esos esfuerzos diarios, pero aún requiere mucho trabajo y determinación seguir todos los días sin importar lo demás.

Entonces, para lograr tus objetivos, repite tus esfuerzos todos los días. Aparece en el gimnasio o donde lo necesites. Ocasionalmente, puedes verte obligado a hacer una excepción y perder el comportamiento deseado. Pero, una forma de evitar excepciones es realizar el comportamiento que ha planeado lo antes posible en el día, antes de que el resto de la familia y el gato comiencen a exigir su atención. Otra forma de evitar excepciones es hacer una lista de tus comportamientos diarios más importantes en orden de importancia. Pégalo en tu pared y léelo tan pronto como te levantes. De esta manera, tu consistencia no fallará debido a una mala memoria.

Repite el comportamiento deseado o planeado diariamente y con la menor cantidad de excepciones posible y progresarás de manera gradual pero segura y, finalmente, alcanzarás tus metas y sueños más elevados. E incluso si no logras todas sus metas y sueños, al menos te habrás convertido en un gran personaje y una persona de valor porque hizo lo que planeaba hacer a diario. Eso, al menos, es un objetivo que vale la pena alcanzar.

Tener una rutina matutina

Después de muchos años de investigación y estudio de personas exitosas, descubrí que muchos tienen una rutina matutina y cuando realizamos las entrevistas con personas influyentes descubrimos que también tienen una rutina matutina y esto es algo que queremos que consideres. Piensa en lo primero que haces en la mañana cuando te despiertas. ¿Presionas el botón de "posponer" y vuelves a dormir? ¿O te levantas con una sonrisa en la cara tan pronto como suena la alarma y comienzas a prepararte para enfrentar el día? Si contestaste lo último, podrías estar en camino de lograr tu éxito.

Puede que no parezca un gran problema, pero comenzar el día temprano y tener una buena rutina de la mañana son hábitos que tienen las personas más ricas y exitosas. Observa por qué estos dos hábitos son importantes y piensa en cómo comienzas tu día.

- **Comenzando el día temprano**

La mayoría de las personas normalmente activan la alarma por la noche antes de irse a dormir. Lo configuraron en un momento particular porque saben que despertarse en ese momento les da suficiente tiempo en la mañana para prepararse y ponerse a trabajar. Algunas personas presionan el botón de repetición para dormir 15 minutos adicionales. Esto le quita a su rutina matutina. Los 15 minutos adicionales que se pasaron durmiendo tendrían que compensarse más adelante acelerando sus otros rituales matutinos. La prisa agrega estrés y ansiedad innecesarios en la mañana.

El estrés de la mañana podría ser trasladado durante el resto del día, ya que los horarios podrían verse alterados incluso con solo 15 minutos de sueño adicional. La gente podría llegar tarde al trabajo y perder reuniones importantes. En su apuro por irse, podrían olvidar documentos importantes en casa. Peor aún, podrían terminar teniendo accidentes menores porque conducen más rápido de lo habitual.

Las posibles consecuencias de presionar el botón de repetición del despertador son infinitas. A diferencia de otras personas, una persona exitosa generalmente activa su alarma por la noche y luego se despierta rápidamente tan pronto como suena. Esta es su forma de controlar su día en lugar de simplemente reaccionar a él. Cuando haces tú rutina matutina sin la necesidad de acelerar tus acciones, comienzas el día relajado y concentrado. No estás reaccionando a la idea de llegar tarde al apresurarte a desayunar o saltearte por completo la comida más importante del día. En cambio, tienes el control total de tu mañana y la tranquilidad de saber que cuentas con suficiente tiempo para hacer tu rutina y ponerte a trabajar. Cuándo tienes control total sobre tus acciones y emociones, estás marcando el ritmo para el resto de tu rutina matutina y el resto de tu día también.

Para algunos, prepararse significa levantarse a las 5 AM, mientras que, para otros podría significar levantarse a las 7 AM. Esto se debe a que algunas personas tardan más en prepararse mientras que otras no. No existe una fórmula exacta para el momento adecuado para despertarse, pero la mayoría de las personas exitosas se despiertan muy temprano en la mañana para poder hacer más y maximizar su día.

- **Tener una rutina buena en la mañana**

La forma en que comiences tu día determinará cómo vives tu vida. Si comienzas el día respondiendo tus correos electrónicos, por ejemplo, estás haciendo algo por otra persona a primera hora de la mañana. Esta acción te dice que estás priorizando el trabajo sobre todo lo demás. Esto también podría hacerte pensar inconscientemente que las necesidades de otras personas son más importantes que las tuyas.

Por otro lado, si comienzas haciendo cosas personales como meditar, hacer ejercicio o establecer metas personales para el día, entonces te estás dando prioridad a ti mismo antes que cualquier otra cosa. Esto es lo que hace una persona exitosa. Las personas exitosas saben que tienen el poder de controlar lo que sucede en su vida. Por lo tanto, hacen que sea una prioridad trabajar sobre ellos mismos antes que todo lo demás. Saben que solo ellos pueden determinar su éxito o fracaso, por lo que trabajan en lo más importante que es su mente, cuerpo, corazón y alma.

- **Comienza con tu cuerpo**

Una buena rutina en las mañanas consiste en hacer algo que mantenga tu salud. Cosas como hacer ejercicio, mantener una buena higiene personal, desayunar, tomar agua, etc., son algunos ejemplos de rutinas que puedes hacer que son buenas para tu cuerpo. Tener un cuerpo sano te da más energía para afrontar las metas más difíciles de tu día. Asimismo, leer un poco en silencio es una rutina en la mañana que alimentará tu mente. Leer aumenta tu conocimiento. Intenta leer en silencio un artículo de noticias o algún un libro por la mañana y mira lo qué sucede.

Establecer metas personales para el día es otra forma de nutrir tu mente. Tus objetivos diarios le brindan a tu mente una hoja de ruta virtual que puede seguir para ayudarte a alcanzar el éxito. Tener una imagen clara de lo que deseas podría facilitar su acceso. Establecer metas diarias también te ayuda a organizar tu día.

Por su parte, para tu corazón y alma, las rutinas matutinas simples como abrazarse con los seres queridos, orar y meditar pueden hacer maravillas. La meditación y la oración apoyan la relajación, mientras que pasar tiempo con los seres queridos por la mañana promueve el vínculo y fomenta la comunicación. Cuando te sientes relajado, estás más centrado y enfocado en lograr tus objetivos en lugar de reaccionar ante el estrés y la ansiedad. Cuando te sientes amado, te sientes más inspirado para tener éxito.

Te recomiendo que, si quieres empezar a tener una mañana con éxito y productivo, descargues la aplicación Mañana Poderosa:

www.rutinamatutina.com

Entrevista No. 2.
PAOLA HERRERA

Youtube: Paola Herrera (https://www.youtube.com/paolaherrerabeauty)

Instagram: @paolaherrerabeauty

Perfil

El gusto por disfrutar la vida, salir adelante, desafiar las adversidades y tomar decisiones se convirtió en un estilo de vida para ella. Hoy después de más de media década, Paola Herrera ha alcanzado el reconocimiento de real influecer y Youtuber por sus más de un millón de seguidores en sus redes sociales y canal de youtube.

Su inicio en redes fue un escape para ella, una forma de seguir activa mientras se recuperaba de una enfermedad; llevaba ya dos años en la lucha y en cuanto comenzó a sentirse un poco mejor, decidió que si aún no podía trabajar en una empresa, entonces crearía su propio camino. Comenzó con un blog escrito, el cuál, a petición sus seguidores (muy pocos en aquel entonces) alimentó con videos de youtube; el resto es historia.

Comenzó con una de sus pasiones que es el maquillaje, pero siempre supo que su mensaje sería mucho más profundo, las duras experiencias que le había dado la vida y sus aprendizajes debían ser compartidas, solo no era el momento aún.

Poco a poco comenzó a recibir mensajes en los cuales sus seguidoras le comentaban lo bien que se sentían con ellas mismas después de haber aplicado algún consejo de belleza, literalmente, sus videos eran un pequeño granito de arena para que sus seguidoras se sintieran felices; esto le llenaba el alma!. Aquellos mensajes también eran cartas interminables en las cuales sus seguidores le contaban a Pao sus problemas personales y pedían consejos; el momento había llegado. Así que comenzó su serie de desarrollo personal, finanzas y ley de atracción.

La principal cualidad de Paola es la honestidad y empatía que genera en sus contenidos digitales; sus historias de éxito vividas en carne propia, las transmite a su comunidad con la única intención de que las personas descubran su poder interior, que sepan que los sueños se pueden hacer realidad, que sí somos capaces de alcanzar nuestras metas, que sí somos capaces de decretar y obtener lo que queremos, que sí somos merecedores.

Durante su trayecto en youtube ha desarrollado diferentes negocios en los cuales es sumamente exitosa; ella misma es un ejemplo de lo que predica, mostrándonos como día a día se puede seguir superando a uno mismo y seguir creciendo. Siempre está ahí para sus seguidores, dando tips de negocios, finanzas personales, inteligencia emocional y claro, siempre la belleza.

Constantemente busca nuevos retos y desarrolla nuevas ideas para estar siempre un paso adelante y seguir apoyando con sus consejos a las cientos de miles de personas que la siguen.

Madre, futura esposa y una persona con gran sensibilidad humana, esa es Paola.

Entrevista

— Paola, ¿qué hacías antes de ser influencer?

— ¡Era todóloga!, lo sigo siendo. Estudié administración de empresas en una buena universidad de aquí, de Guadalajara. Realmente no era la más feliz con mi carrera. Por las ideas de mi mamá, que pensaba que no iba a encontrar trabajo de comunicóloga, me convenció para estudiar administración porque esa era la carrera que pagaba. Estudié administración de empresas, lo que derivó en que al principio no me animara a buscar trabajos en los que realmente me iba a sentir feliz, por ejemplo: locutora o escritora en algún periódico. Busqué trabajos de asistente de dirección, trabajé con muchos directores en el banco. Antes de esto, cosa muy importante, me fui a Londres y cómo lo extraño. Estuve ahí de mesera y de *Sales Marketing* un año, y realmente aprendí muchas cosas de mí misma.

Sin embargo, todavía no terminaba de confiar en mí y en mis capacidades. Estuve brincando en este tipo de trabajos, me tocaron jefes terriblemente malos; estoy segura de que era la forma que tenía la vida de decirme que no era por ahí. Estuve haciendo mucho trabajo administrativo que no me hacía feliz, sumado a ¡los jefes!, hasta que por fin me cansé de estar soportando abusos, de que la gente no me pagara, que el jefe en lugar de atender una junta importante se fuera con la novia y me dejara todo encima a mí, me cansé y me fui a poner mi negocio de joyería. Ya había empezado a diseñar algunas joyitas, algunos collares para mí, porque siempre salía y nunca encontraba el collar que se viera bonito con mi atuendo de la oficina. Y, de hecho, recibía muchos halagos, muy buenos comentarios de mis joyas.

De nuevo, como no confiaba mucho en mí, nunca lo tomé muy en serio hasta que dije: "A ver, todo el mundo me dice que hago collares muy bonitos y estos jefes parece que se ponen de acuerdo para que el siguiente salga peor que el anterior". Entonces, me animé. Gracias al apoyo de mi madre empecé a hacerme de mis materias primas y de todo lo básico para hacer mi joyería. Eso duró un par de años, hasta que en ese ínter la vida pasa; me casé, tuve a mi hija y tuve que parar, tanto por cuestiones de salud como por cuestiones personales (el papá de mi hija ya no me permitió continuar con mi negocio). Todo eso fue lo que hice antes de ser Youtuber.

— Esto es visto como el hombre que no te permite hacer o desarrollarte como persona, ¿qué les aconsejas a las mujeres que están en un tipo de relación como esta?

— Que se quieran a ellas mismas, que se valoren, que sepan que ellas vinieron a ser felices en este mundo, no a estar complaciendo a un misógino narcisista que lo único que quiere es controlarlas mientras que él se nutre de su sufrimiento y del control que tiene sobre la mujer en cuestión.

— ¿Cuál fue ese punto donde dijiste ya no más? ¿Qué te hizo decir ya?

— En este caso él no era machista conmigo, yo dejé de trabajar porque, como nos separamos, él quería que yo le diera una buena parte de los ingresos de mi negocio de joyería. Nada tonto, ¿verdad? Por eso me refiero a que él ya no me permitió seguir. Después de mi relación tóxica, que fue la que me orilló a irme huyendo a Londres, nunca más permití que alguien fuera así conmigo. Él era muy flojo para trabajar bien, decía: "¡Dame dinero!". Tengo un video de eso en mi canal, para que todos los lectores de este libro puedan ir a verlo.

Pero, más que nada yo les diría a todas estas chicas que se valoren, que vean que el mundo es muy grande para estar sufriendo por un solo hombre y estar permitiendo que una sola persona trunque tus sueños, porque la única que es capaz de truncar tus sueños y luchar por ellos, eres tú misma. Hay gente que te puede ayudar en el camino, que te puede echar muchas porras, pero si tú no te levantas todos los días a luchar por tus sueños no los vas a lograr, y mucho menos si permites que un hombre o una mujer te diga que no puedes tal o cual cosa. Al contrario, cuando te digan que no puedas, ve, hazlo dos veces y toma fotos. Cánsate de estar aguantando esa situación que tú sabes que no te mereces.

— Correcto, estoy trabajando en mi bebé: mi libro. Yo creo que lo van a disfrutar muchísimo. Estoy poniendo mi alma entera y mi corazón en este libro para contarles todas mis experiencias, sobre todo como respuesta a los consejos que me piden por mensaje en mis redes sociales. Esta es mi respuesta a un montón de cosas que me cuentan mis seguidoras, así que por ahí espérenlo pronto.

— ¿Qué te animó a empezar en este canal de YouTube? ¿Cuál fue la razón principal por la cual empezaste?

— Todo empezó como un hobby, no estaba ya trabajando en mi negocio de joyería, pero no quería estar sin hacer nada, me urgía trabajar. Aunque, lamentablemente estaba muy enferma, sufrí de un hipotiroidismo tremendo que me llevó a estar en el límite de la insuficiencia cardiaca. No me diagnosticaban y no podía laborar en un trabajo normal porque a las dos horas de estar parada tenía que acostarme tres horas porque ya estaba muy mal, muy débil. Sin embargo, una vez que ya me diagnosticaron y me empecé a sentir un poco mejor, supe que tenía que iniciar con algo, en este caso fue un blog escrito. Con él, toda la intención era para tenerlo de un hobby; jugar a la blogger en lo que terminaba todo este calvario con mi divorcio, que duró prácticamente 6 años (pensaba que iba a durar mucho menos).

A la larga fue un viaje muy bonito porque todo se me dio desde el día uno, también ahí la vida me estaba diciendo, "Ya llegaste, es por aquí". Lo digo porque era una blogger que nadie conocía, apenas quería ser blogger. Hicimos una pequeña fiesta y grandes marcas como Sephora y otras grandes marcas de zapatos de México me patrocinaron todo el evento. En ese momento no sabía el gran empuje y el gran mensaje que me estaba mandando a la vida. Empecé a alimentar ese blog con videos y la gente me empezó a pedir más y más videos, hasta que me puse a investigar todo lo que era YouTube, que yo ni idea tenía idea realmente. Dije, "Oh por Dios, ¿en dónde he estado todos estos años?". De ahí nació el canal.

— ¿De qué era el blog cuando empezaste?

— Hablaba de tendencias, de maquillaje, moda, cuidado de la piel, de algún evento de un diseñador de pasarela que se hiciera aquí en Guadalajara, cualquier cosa nueva que saliera, la nueva pasarela de Chanel, etc. Pero una vez que me animé a hacer mi primer video dije "¿Qué hago? Bueno va a ser diciembre, voy a hacer unas velas decorativas" y, empecé con mis manualidades que siempre me han gustado hacer. ¡Me daba mucha pena mostrar mi cara!

— ¿De verdad? Pero si te ves muy confidente, de mucha confianza en ti misma.

— Son cosas que se trabajan, realmente siempre he tenido confianza en mí, pero como todo lo desconocido para mí era un reto entonces yo decía "No estoy bien arreglada, no se me ven bien las cejas, no se me ve bien la pestaña, no se me ve bien quién sabe qué". Tardé un par de videos en mostrar mi rostro, pero luego me encantó. Desde el primer momento disfruté mucho todo el proceso; preparar un video por más simple que fuera, la grabación, la edición, todo desde el inicio fue mágico.

— ¿Todavía te encargas de la edición y de absolutamente todo lo de tu canal o ya esto se lo delegas a otras personas?

— Al día de hoy todavía soy "todóloga".

— Pero, ¿lo disfrutas?

— Lo disfruto. Ya tengo una persona en mi equipo que me ayuda. Gracias a Dios el trabajo ha sido tanto que justo hoy, además de esta llamada, tengo varias entrevistas para contratar a mi segunda asistente que va a ser mi editora de cabecera, porque la vida, gracias a Dios, está trayendo muchos proyectos nuevos así que necesito más tiempo para enfocarme en esa zona de genialidad, que se dice, y aprender a delegar otras cosas.

— ¿Cuál es tu mayor inspiración?

— Mi hija porque obviamente es la luz de mis ojos, tú me comprenderás. Mi niña es lo que más me motiva a levantarme a trabajar para demostrarle que cuando ella sea grande puede ser lo mismo o mejor que yo 10 veces, solo si confía en ella. Por otro lado, está mi madre, ya que gracias a ella estoy donde estoy. Ella también fue madre soltera, se dedicó enteramente a sacarme adelante, a estar para mí, a ayudarme en cada paso de mi vida y esa es una gran inspiración porque si ella pudo, yo claro que puedo y también quiero regresarle un poquito de todo lo que me dio. Y a Sofía darle todo lo que se merece y un poquito más sin mal criarla. Así que sí, definitivamente ellas dos son mi principal inspiración.

— Qué bien, igual para mí; mi hija y mi mamá son mi inspiración. ¿Qué haces en esos momentos en los que no estás en un estado súper contenta o alegre? No todos los días nos levantamos con la energía al 100%. ¿Cuáles son tus técnicas, tus tácticas para mejorar tu energía? ¿Cómo manejas ese estado?

— Tengo dos consejos muy importantes. El primero es una analogía: cuando alguien quiere bajar de peso no todos los días se va a levantar con ganas de ir al gimnasio, van a haber días que le va a pedir permiso a una pierna para mover la otra para llegar al gimnasio, pero si de verdad está comprometido a bajar de peso va a ir, eso se llama disciplina. Muchas veces hay que aprender que la disciplina supera a la baja motivación o la baja energía. Es, "Voy y lo hago todos los días". Eso para mí es una máxima que rige muchas cosas de la vida. "No tengo ganas, me duele estómago, me duele la cabeza, lo que sea, pero lo voy a hacer". La satisfacción al final por haberlo hecho es mucho mayor que la satisfacción de decir, "Ay que rico me quedé aquí en mi camita sin hacer nada todo el día". No, eso no me lo permito.

En segundo lugar, tengo una técnica en mis mañanas, que, si bien no amanezco con ganas, me siento mal o lo que sea, para mí lo más importante es que cada vez que suena la primera alarma de mi celular (que es con la que me levanto) me obligo a sonreír. No soy de las que le pone el *snooze* veinte veces a la alarma. Tengo alarmas para tomarme mis tiempos en las mañanas para hacer otras actividades. La clave es obligarme a sonreír. Si estoy con la energía hasta el tope, ahí le estoy mandando un mensaje a mi cerebro de que estoy bien. El hecho de que los músculos de la cara esbocen una sonrisa le está mandando un mensaje a tu cerebro. "Estás bien, en este momento todo está bien". Te levantas y lo haces.

Adicionalmente, a todo esto, le sigue una rutina de meditación, de afirmaciones, de visualización, que también comento en uno de mis videos. Esta simplemente está basada en la rutina "Mañanas milagrosas" del libro del mismo nombre. En mi video yo te explico cómo hacerla tuya, cómo hacer que tu rutina sea tan tuya que te ayude sí o sí todas las mañanas y te impulse a vivir tu vida. Es algo que a mí siempre me ayuda mucho, y bueno un abrazo a mis seres amados, a mi pareja, a mi hija, también siempre me llena de energía.

— ¿Cuál es tu próxima meta?

— ¡Ay! Muchas. Bueno, tengo el proyecto de mi libro, del que ya hablamos, es mi meta más importante en este momento, junto a otro producto que estoy sacando a la par. La siguiente sería creerme todo lo que me piden mis seguidores, me están pidiendo que sea una especie de coach, que me lance a dar conferencias, me piden en Colombia, en México, e incluso me han hablado de Canadá. Si la gente me está pidiendo, me está diciendo que les encantaría escucharme hablar, compartir con ellos pues creo que esa sería una meta muy bonita de cumplir.

— El libro va muy de la mano con las conferencias.

— Muy de la mano, así que todo se acomoda.

— ¿Qué consejo les darías a las personas que más quieres en esta vida?

— Bueno, pensando solamente en mi hija, creo que sí le puedo dar un consejo a mi hija se lo puedo dar a cualquier otra persona que ame. El primero para mí es que cuiden su cuerpo porque si cuidas de tu cuerpo hoy, tu cuerpo va a cuidar de ti en el futuro. Yo que ya he sabido a una edad muy joven lo que es estar literalmente en cama, incapacitada y añorando tiempos en lo que yo tenía salud y no estaba aprovechando mi vida al máximo, tuve una revelación muy grande de esta situación. La enfermedad que tuve que no me dejaba hacer gran cosa y entonces me di cuenta de la importancia de cuidar tu cuerpo, a pesar de que esta enfermedad no fuera algo que yo me causara, pero entre más cuide y respete mi cuerpo, mejor, pues es el único cuerpo que voy a tener de aquí a que me muera.

— Es un templo ¿no?

— Exactamente, este templo va a cuidar de mí cuando yo sea grande. Lo veo con mi mamá, que, aunque ella no es amante del ejercicio, siempre se duerme temprano, come muy sano, jamás ha fumado, jamás ha tomado y la ves entera, la ves perfectamente sana. Si primero cuidas de ti, cuidas tu cuerpo, amas tu cuerpo, te respetas y te aceptas tal cual eres (no te vas a estar comparando con todo este bombardeo de redes sociales que te indica lo que debe o no debe ser un cuerpo perfecto), todo estará bien. Para mí la aceptación del cuerpo también es un tema súper importante, es algo que también llegué a vivir en algún momento de mi vida. Si tú eres prisionera de tu propio cuerpo porque no te gustas no vas a poder hacer ni la mitad de lo que vienes a hacer en esta vida. Más bien ocúpate, vete al gimnasio, vete al doctor. Simplemente yo le diría, por ejemplo, a mi hija: "Sabes que eres perfecta en todos los sentidos así que no tiene caso compararte con absolutamente nadie y, si cuidas tu cuerpo y evitas excesos que solo te adormecen y te quitan esa claridad de mente que cualquier ser humano tiene pues vas a lograr muchísimas cosas".

Lo segundo es, primero tú, luego tú y después tú en cuestión de amor. Ámate primero a ti. Si sabes que eres un ser lleno de luz y amor, y que esa es la base de tu existencia, vas a proyectar eso al exterior, vas a confiar en ti, vas a saber que tienes y vienes a este mundo a cumplir una misión y ser un ser de amor. Para ello, primero tienes que hacer que el amor viva en ti. Y si te amas vas a lograr todo lo que te propongas, vas a buscar el amor dentro de ti y en los demás, vas a dejar de juzgar, vas a hacer a un lado los juicios y vas a saber que en todas y cada una de las personas existe luz por muy contrariadas o mal que las veas. Si te amas a ti mismo, vas a ver un reflejo de ti en esa persona y lo vas a amar y respetar, vas a buscar a una persona que te ayude a brillar, sea amigo, pareja, lo que sea; vas a estar rodeada de personas que te ayuden a brillar también. En cambio, si no te amas probablemente vas a elegir amistades erróneas o una pareja abusiva, porque falta ese amor en ti. En pocas palabras, si te amas tu cuerpo va a decir que vas a reflejar ese amor a todo el mundo y simplemente, cuando tú das recibes, así que es mejor dar amor y para eso hay que empezar a amarse a uno mismo.

Y el tercer consejo es: reconoce tus errores y aprende de ellos. Muchas veces la gente se deprime, se deja deprimir porque se equivocó. En este mundo nos vamos a equivocar más veces de las que vamos a acertar, pero si sabes que es parte de la vida y empiezas a entender que los errores están ahí para ayudarte a crecer y hacerte más fuerte, no para tirarte al suelo, dirás: "Ok, me equivoqué, la regué, ni modo qué le voy a hacer, ¿Qué aprendí de esto? ¿Qué sigue? ¿Qué más?". Es muy diferente a dejarte deprimir o a dejarte caer. "Todo el mundo me está diciendo que me equivoqué entonces soy un fracasado y un perdedor", todo el mundo se va a equivocar a lo largo de su vida, pero si sabes aprender de los errores y sabes salir adelante ya estás del otro lado.

— Todos los humanos tenemos nuestros puntos débiles y nuestros puntos fuertes, ¿Cuál sería un punto débil de ti, y el punto más fuerte que tengas?

— Creo que es más fácil decirte el punto más fuerte. Soy muy perseverante, cuando me propongo algo generalmente lo logro a menos de que ya de plano demasiadas cosas se hayan puesto fuera de control en contra de mi meta. Pero soy muy perseverante y creo que eso es una gran fortaleza en mí, porque me ha ayudado a superar muchísimas situaciones de mi vida, empezando, por ejemplo, cuando vivía en Londres, que los primeros meses me moría, sentía que no iba a poder avanzar. El hecho de decir, "No me regreso, voy a seguir aquí hasta que me sienta bien", es una forma de perseverancia. "No me voy a regresar a México hasta que yo haya sanado lo que vine a sanar".

Por su parte, creo que uno de mis puntos débiles sería el perfeccionismo porque siempre quiero algo más, me ha costado mucho estar contenta con las cosas, siempre quiero algo más, algo mejor. Es importante no conformarse, pero hay que aprender que ciertas cosas están bien como están. Creo que a esa parte le tengo que bajar dos rayitas.

— Parece que me estuviera escuchando a mí misma. ¿Cuál es tu misión de vida?

— No lo sé, bueno en este punto de mi vida te puedo decir que creo que mi misión, o a lo que me estoy enfocando, es ayudar a las personas por medio de la palabra, ya sea oral o escrita. Creo que el saber que ayudé a alguien a tomar una decisión importante en su vida, como aventurarse a poner un negocio, decidirse a dejar al marido abusivo, decidirse a dejar de estarse flagelando ellos mismos, por medio de un video, me llena. El hecho de que reciba tantas cartas, tantos mensajes todo el tiempo de mis seguidores que dicen, "Gracias a tu video Paola, estoy emocionadísima con tu video, hoy renuncié a mi trabajo porque ya voy a empezar mi negocio", es que digo, "Mi video ayudó realmente a darle un giro importante a la vida de alguien" y esto me reafirma que mi misión en la vida es motivar. Pienso que mi visión en esta vida es compartir lo mucho o poco que sé, y compartir mis experiencias, la forma en la que veo la vida para darles un rayito de esperanza a las personas, simplemente para ayudarlos a encontrarse a ellos mismos.

— ¿Cuál es tu mayor miedo?

— Muy buena pregunta. Haciendo a un lado el factor de que algo malo le pasé a mis seres queridos, un miedo que siempre tuve y que ya superé, aunque creo sigue ahí latente es a no triunfar en lo que me propongo. Pienso que es algo que sí estoy logrando superar poco a poco. Por otro lado, a veces me daba mucho miedo quedarme sola en la vida, no tener amigos, no tener pareja. Este miedo lo tengo ya muy superado, pero estuvo latente mucho tiempo, de eso les voy a hablar en mi libro. El miedo a la soledad está en mí, aunque creo que soy feliz sola, así que es solo por algunos momentos.

— O sea que crees que ese es tu mayor miedo, ¿el miedo a la soledad?

— Creo que sí, y bueno un miedo a enfermarme siempre está latente, lo que es perder la salud, pero es algo que no me permito pensar mucho porque no quiero atraer cosas que no sean buenas para mi vida.

— Las personas se llenan de miedo, pero el saber manejarlo es muy importante. Así como hay veces que nos levantamos y la energía no está arriba y sabemos manejar eso, ¿cómo podemos manejar esos miedos cuando se presentan? Creo que es el punto, ¿cómo manejas esto? ¿Meditas o aclaras tu mente? Para aquellas personas que van a leer tu libro y que van a leer este capítulo, ¿qué les dirías cuando les entra el miedo? ¿Cómo lo manejarías? ¿Cómo los aconsejarías para que lo manejaran?

— Hay varios tipos de miedos y creo que es importante saberlos identificar. El miedo es algo natural en el ser humano y está ahí para ayudarte a alertarte en momentos de peligro, para que salgas. Si te pones a temblar, corres, si ves un alacrán, te alejas. Hay miedos de ese tipo, y también está el miedo a la soledad, con el que no funciona solo meditar, sino que hay que identificar de dónde viene ese miedo. Por ejemplo, en mi caso, viene de la ausencia de mi padre. Mi papá nunca estuvo en mi vida, por lo que ese miedo al abandono es algo que tuve que trabajar en terapia por años. "¿Por qué tengo tanto miedo a que mi novio se vaya? ¿Por qué tengo tanto miedo a que mi amiga me deje?". Pues porque la figura paterna más importante en mi vida no estuvo. Hay que saber de dónde viene, pero lo más importante es saber quién lo puso ahí. Les aseguro a las personas que están leyendo en estos momentos estas palabras que la mayoría de sus miedos no son de ustedes; alguien más los puso ahí y hay que saber identificarlo.

En mi libro te enseño, en el primer capítulo, a identificar quién te puso ahí ese miedo. Muchas veces viene de tu papá. Tal vez tienes muchísimo miedo al éxito y no entiendas por qué crees tener miedo a que te vaya bien y resulta que, analizando y haciendo un recuento de toda tu vida tu papá siempre decía que el dinero es malo, que el dinero hace mal a las personas. Tú estás haciendo una relación de que, si eres exitoso y vas a tener dinero, este va a hacerte una persona mala, como que te va a hacer daño. Al analizar todo este tipo de conexiones dices, "Ese miedo no era mío, ese miedo lo puso ahí mi papá". Por su historia mal contada de que el dinero no era bueno, el día de hoy yo tengo miedo literal al éxito. Casi siempre el miedo te lo pone ahí alguien más, a menos de que sea un miedo racional, lógico, como, "Me va a picar un alacrán", "Da un volantazo porque si no chocas", algo que te ayude a salvarte la vida. Pero, si es algo que te está impidiendo avanzar en tus metas generalmente se trata de un miedo que alguien más puso ahí y es primordial definir la raíz de ello.

— Por eso, a mí no me gusta enfocarme en nada malo, pero hay veces que las personas necesitan saber, en ciertas situaciones, cómo manejar ciertas cosas para poder romper esa barrera y seguir adelante.

— Sí, cómo no. Definitivamente.

— ¿Qué consejos les darías a las personas que quieran emprender un negocio en línea?

— En primera, que se informen. Segundo, una vez que tomas la decisión de emprender no la sueltes, independientemente de cualquiera que vaya a ser el resultado. En la actualidad, si lo sabes hacer bien y tienes una buena guía prácticamente va a ser un éxito, porque ese es el hoy; no es el futuro, es el presente. Así que repito: infórmense, no se avienten a la oscuridad, simplemente busquen un buen curso, un buen mentor. Sigan preparándose todo el tiempo con las nuevas herramientas que salen, con las nuevas estrategias, con todo lo nuevo que hay todos los días. Con esto les aseguro, porque yo también vivo de eso, que les va a ir muy bien. Simplemente, sean muy constantes y todo el tiempo manténganse actualizados.

— ¿Cuáles son las tres cosas que dirían de ti las personas que mejor te conocen? Tres cualidades tuyas.

— Que soy muy apasionada, intensa sería la palabra. No me gusta hablar bien de mí, pero creo que me dirían que tengo un corazón noble (considero que sí lo tengo), que me gusta ayudar a las personas y saber que pude poner mi granito de arena para marcar la diferencia en la vida de alguien. Eso para mí es magnífico, me cambia la vida, me hace sentir muy agradecida.

— Apasionada, noble y…

— No sé, altruista, ¿será?

— Determinada, según lo que hemos determinado.

— Totalmente. Eso sí, 100% determinada y que se agarren porque cuando tengo una meta voy por ella.

MISION

Pasión

La pasión te permite ser más de lo que crees que puedes y esta es la clave del éxito. También es lo que te une cuando aún no estás viendo resultados o estás pasando por tiempos difíciles. La mayoría de las personas no pueden hacer esto porque no saben exactamente qué quieren y cuál es su pasión. Si no estás seguro de qué es lo que quieres, es probable que esta se desplace y no logres mucho.

Esto es comprensible, especialmente cuando consideras que estamos viviendo en un momento de la historia en el que la vida es increíblemente agitada. Al final del día, puedes estar agotado, y lo último que deseas hacer es planificar los objetivos de tu vida. Luego, cuando llega el fin de semana, puedes estar tan cansado que pensar en los sueños más grandes de tu vida está muy lejos de tu mente. La vida puede ser difícil, y cuando has tenido muchas decepciones en el camino, puede volverse complicado creer que realmente seas capaz de lograr todos esos sueños que tenías cuando eras niño.

No obstante, el primer paso es descubrir lo que quieres lograr en tu vida, incluso si en este momento no estás seguro de lo que quieres. Al saberlo, es mucho más probable que lo consigas. Muchas personas saben exactamente lo que quieren y, como resultado, logran sus objetivos. En un momento, compartiré contigo una técnica simple que te ayudará a descubrir rápidamente los objetivos que serán más significativos para ti.

- **Decepciones y contratiempos**

Es bastante triste que para muchas personas cuando llegan a sus 20 años, hayan tenido tantas decepciones y contratiempos, que literalmente cierren su propia capacidad de soñar en grande. Puede haber una gran diferencia entre alguien que tiene 15 años y alguien que tiene 30. A menudo, cuando aún somos jóvenes, la vida puede parecer llena de posibilidades increíbles, y podemos estar entusiasmados con el futuro. Sin embargo, 15 años después, es posible que las duras realidades de la vida nos hayan dejado literalmente sin relleno. Carreras que salieron mal, relaciones que no resultaron como esperábamos, enfermedades y todo tipo de decepciones.

Todo esto es parte de crecer y aprender que la vida no siempre es color de rosa. Nuestros desafíos pueden tener una lección para ser más sabios, más fuertes y más capaces, o pueden hacer que nos decepcionemos, y nos sintamos desapoderados y desilusionados con la vida. ¿Alguna vez te has sentido así? Me imagino que probablemente sí, como la mayoría de las personas en algún momento de sus vidas. De hecho, mi propia experiencia es que la mayoría de las personas que he conocido a lo largo de los años se sienten muy desilusionadas por la vida.

Son estas decepciones las que nos condicionan a esperar aún más desafíos en el futuro. Y tristemente, experimentamos lo que creemos que puede suceder.

Por el momento, veamos dónde estás ahora. Si sabes exactamente qué es lo que quieres lograr, te felicito porque eres uno de los pocos que sabe lo que desean. Por otro lado, si eres como la mayoría de las personas, es posible que no sepas exactamente lo que quieres: probablemente no seas consciente de los objetivos más importantes de tu vida. Sin embargo, me complace decir que puedes solucionar esto, y es tan simple que incluso puedes llegar a preguntarte cómo nunca antes lo había pensado.

Haz este ejercicio: descubre lo que quieres de la vida.

Paso 1: Si quieres descubrir lo que realmente quieres de la vida, todo lo que necesitas hacer es mirar tu vida en este momento y escribir todas las cosas que te hacen sufrir en tu vida. **Todas las cosas que te causan dolor en algún nivel.** Podrían incluir cosas como tus relaciones, tu carrera, tus ingresos y finanzas, tu salud, tu familia, tus habilidades actuales, tu peso, tus emociones, tu nivel de felicidad y una amplia gama de otros temas.

Como seres humanos, somos muy parecidos y, por eso estoy muy segura de que hay muchas cosas en tu vida en este momento de las que no estás particularmente feliz, cosas que realmente quieres cambiar.

Paso 2: El siguiente paso es convertir esos problemas en objetivos concretos. Lo que necesitas hacer es convertir cada uno en su opuesto completo. Por ejemplo, si siempre pareces experimentar relaciones infelices, puedes crear una meta para comenzar a tener relaciones profundas, satisfactorias y duraderas a partir de ahora. Por otro lado, si encuentras que tu carrera no es satisfactoria y anhelas un cambio, entonces es fácil crear una nueva y poderosa meta: por ejemplo, dentro de seis meses, estarás trabajando en un trabajo que encontrarás tanto emocionante como profundamente gratificante. Del mismo modo, si siempre pareces estar en quiebra al final de cada mes, o si no estás saludable o no estás satisfecho con alguna área de tu vida, puedes crear objetivos para lograr lo contrario de lo que estás experimentando actualmente.

Es decir, toma la razón por la que actualmente sufres en cada una de estas áreas de la vida, y transfórmala en metas que son muy poderosas, metas que te motivarán a crear el cambio que deseas ver. Es realmente bastante simple, ¿no? Absolutamente cualquier cosa que te haya causado sufrimiento, especialmente si ha estado sucediendo durante mucho tiempo, se puede convertir en su opuesto para crear un nuevo objetivo poderoso.

Aquí hay un proceso para aclarar el ejercicio:

En este punto puedes creer que es imposible cambiar, especialmente si el problema ha estado sucediendo durante mucho tiempo, o que puede ser demasiado difícil de transformar. Como nunca ha cambiado antes, ¿por qué considerarías que podría cambiar en el futuro? Es casi natural ser pesimista, especialmente cuando todo parece indicar que tienes toda la evidencia para validar que es imposible cambiar.

Como dijo Henry Ford, creador de los primeros automóviles: "Si crees que puedes o no, tienes razón". Me encanta este dicho, porque es muy cierto. Muchas personas se detienen enormemente debido a lo que creen.

Aprenderás formas de abrir una vez más tu creencia en la posibilidad de un gran futuro. Trabajaremos juntos para regresarte al punto en que estabas en la infancia, donde realmente creías que todo era posible, donde estabas entusiasmado con el futuro y donde apenas podía esperar para comenzar.

Permíteme tranquilizarte, puedes lograr prácticamente cualquier cosa que desees en tu vida, siempre que establezcas objetivos claros, tomes las medidas correctas y comiences a usar las estrategias y herramientas que descubras a partir del próximo capítulo.

- **Deseos y necesidades**

En el clásico libro de Napoleón Hill, *Think and Grow Rich*, se explica la importancia de invocar un deseo ardiente y profundo para alcanzar tus objetivos. Esto se debe a que el deseo es una poderosa fuerza impulsora para el cambio. Todos tenemos deseos, y estos pueden ser muy motivadores, pero también pueden salirse completamente de control y, literalmente, pueden conducirnos de maneras que nos perjudican. Un profundo deseo de ayudar a otras personas, literalmente, puede cambiar el mundo. Por otro lado, el deseo constante de más y más dinero y posesiones materiales puede ser muy destructivo y completamente insatisfactorio.

El deseo envuelve una fuerza creativa muy poderosa, y sin ella no podríamos vivir. Es lo que te hace levantarte de la cama por la mañana, comer, dormir y trabajar para pagar todo lo que consumes y cuidar a tus seres queridos. Incluso tu capacidad de ver una película, leer, relajarte o escuchar música es fruto de tu deseo. Toda tu vida es la expresión y el reflejo de tus deseos.

Ahora bien, el deseo en sí mismo no es ni positivo ni negativo. Depende completamente de ti si se vuelve creativo o destructivo. Para evitar que se vuelva destructivo, debes comprender la diferencia entre lo que queremos y lo que necesitamos para nuestra felicidad y bienestar. Debes darte cuenta de que las necesidades son completamente diferentes de los deseos. Hay todo tipo de cosas que realmente necesitamos en nuestra vida. Necesitamos comida, ropa, refugio, relaciones satisfactorias, seguridad, nuevas experiencias emocionantes y una amplia gama de otras cosas. Una necesidad es algo que debemos tener para vivir de una manera que nos permita enriquecer verdaderamente nuestras vidas y que posiblemente también contribuya a la felicidad de otras personas. Es algo que no es necesariamente emocional, pero apoya nuestra vida a un nivel muy profundo.

Por su parte, los deseos son cosas que realmente no necesitas: cosas sin las que podrías sobrevivir o que no te hacen realmente feliz. Por ejemplo, es posible que desees una casa grande, autos caros, una vida de abundancia y tiempo libre sin fin. Pero, ¿honestamente necesitas estas cosas para ser verdaderamente feliz? Si logras objetivos como estos, no hay garantía de que encuentres alguno de ellos realmente satisfactorio. Por ejemplo, es posible que desees trabajar mucho menos y tener el doble de ingresos. Podrías tener este deseo para poder liberar tu tiempo, tener el dinero para viajar por el mundo y experimentar cosas nuevas. Este es un deseo realmente grande y que definitivamente puede contribuir a tu crecimiento, felicidad y satisfacción a largo plazo. Por otro lado, es posible que tengas exactamente el mismo deseo porque odias tu trabajo, o simplemente porque eres perezoso y prefieres hacer lo menos posible.

Esto lo descubrí hace mucho tiempo cuando comencé a probar los beneficios materiales del éxito. Empecé a gastar mucho dinero en autos de alta gama y todo tipo de "juguetes" divertidos. Al principio, me hicieron sentir exitosa pero rápidamente me di cuenta de que en realidad no necesitaba esas cosas para tener esa sensación de éxito en mi interior. Descubrí que la emoción de tener esas cosas no duró mucho. De hecho, entendí que no contribuyeron a mi vida o mi felicidad de ninguna manera significativa.

Verás, puedes sentirte rico y exitoso en este momento sin tener ninguna baratija que te demuestre que eres rico y exitoso. Ahora, por favor no me malinterpretes; no digo que debas fingir que eres rico y exitoso cuando es posible que no lo seas en este momento. Definitivamente no estoy diciendo "fingir hasta que lo consigas", ¡ya que eso podría hacerte ir a la quiebra bastante rápido! Lo que digo aquí es que es importante comenzar a trabajar para superar la baja autoestima y mejorarla gradualmente.

Lo sorprendente es que cuando hagas esto, tu entorno comenzará a reflejar ese cambio interno y encontrarás oportunidades externas que te permitirán mejorar tus finanzas y aumentar tus beneficios materiales. Por lo tanto, cada vez que crees una meta realmente grande para tu vida, es importante descubrir tu gran "Porqué": la verdadera razón subyacente por la que deseas alcanzar esa meta, siendo profundamente honesto contigo mismo. Cuando descubras tu gran porqué, tendrás una fuerza motivadora increíblemente poderosa que puede conducir tu vida exactamente en la dirección que deseas

Cuando deseas algo, es importante preguntarte si realmente lo necesitas o si simplemente lo quieres. Intenta averiguar si solo estás evitando alguna forma de cambio interno o se debe a la falta de autoestima. Debes preguntarte: ¿lo necesito para lograr algo que realmente valga la pena y algo que también pueda contribuir a la felicidad de los demás? Siempre es realmente útil mirar tus deseos de esta manera, especialmente si estás creando metas realmente grandes para tu vida. Entonces, cuando crees que quieres algo, o cuando estás estableciendo tus objetivos, recuerda tener presente esta pregunta.

Haz este ejercicio: Cómo descubrir tu gran "Porqué"

Si deseas saber si solo quieres algo o si realmente lo necesitas para lograr el plan general de tu vida, este es un ejercicio que puede ser muy revelador. Escribe cada uno de tus objetivos y agrega las palabras "Para qué" después de cada uno. Luego, completa su razón después de las palabras "Para qué", y esto te llevará a un nivel más profundo. Continúa profundizando agregando más "Es para" hasta que descubras tu única razón motivadora para tu objetivo.

Ejemplo: Trabajar la mitad del tiempo por el doble de ingresos...

Para qué: Tener más tiempo libre y poder hacer lo que quiera.

Para qué: Aprender cosas nuevas y experimentar más de la vida.

Para qué: Descubrir lo que más disfruto hacer

Para qué: Comenzar a pasar más tiempo haciendo cosas que amo.

Para qué: Experimentar más emoción y pasión la mayor parte del tiempo.

Para qué: Vivir mi vida al máximo.

Para qué: Poder ser profundamente feliz y sentirme verdaderamente realizado.

Para qué: Poder ser una influencia positiva en los demás.

Para qué: Influir en que los demás puedan lograr sus objetivos y ser felices.

El gran porqué para esta meta, en este caso, podría ser trabajar menos, ganar más dinero y tener más tiempo libre, para ayudar a otros a alcanzar sus objetivos y ser felices también.

Cuando profundices en cada una de tus metas y llegues al Gran Porqué, te sentirás lleno de un sentido más profundo de propósito, conexión, energía y pasión. Estamos buscando estos sentimientos aquí, porque te ayudarán enormemente a transformar tus metas en realidad, de la manera más rápida posible.

¡Un objetivo impulsado por un deseo ardiente o una poderosa fuerza motivadora detrás de él es verdaderamente imparable! Por otro lado, después de hacer este ejercicio, es posible que algunas de tus metas no tengan realmente un Gran Porqué, y no son tan significativas como al principio creías que eran. Puede descubrir que estos objetivos solo te están ayudando a evitar algo que realmente no deseas enfrentar. Debes asegurarte de hacer este ejercicio por completo, pues te ayudará a ahorrar mucho tiempo y energía perdidos en objetivos que no son tan importantes como al principio creías. También puede permitirte inyectar mucha pasión y energía en objetivos que descubras que realmente valen la pena, y esto acelerará enormemente tu capacidad para alcanzarlos.

- **¿Cuáles son tus pasiones?**

A modo de resumen:

- Saber exactamente lo que quieres es importante: cuando sabes lo que quieres, es mucho más probable que lo consigas.

- Has sido condicionado: tus decepciones y contratiempos te han condicionado a esperar una vida mediocre. Lo que esperas luego limita lo que puede lograr.

- Descubrir lo que quieres es fácil: escribe una lista de todas las insatisfacciones y frustraciones en tu vida. Convertirlos en sus opuestos puede crear objetivos poderosos.

- Deseos y necesidades: es posible que desees algo porque te permite evitar algo que no deseas enfrentar, mientras que una necesidad es algo que realmente puede mejorar su vida.

- Tu gran porqué: al utilizar la técnica del gran porqué, puedes profundizar para descubrir la única motivación subyacente detrás de cada uno de tus objetivos.

Encontrar el propósito de tu vida

Soy una gran creyente de que para vivir una vida plena y feliz debemos hacer lo que amamos, esto significa encontrar lo que amamos y hacer esto todos los días de nuestra vida. Escucho a la gente quejarse y decir, "oh no, es lunes otra vez", porque odian lo que hacen. No están viviendo una vida que sea significativa, están viviendo la vida día a día esperando que llegue el viernes para finalmente hacer lo que quieren hacer, pero nunca se han preguntado qué es lo que podrían hacer todos los días para lograr ser felices.

Si deseas vivir una vida feliz, DEBES dedicar un tiempo a decidir qué quieres hacer con tu vida y luego hacer el esfuerzo de vivir esa vida con pasión. Este es el propósito de este libro, no solo convertirse en un influenccr, sino hacer lo que amas todos los días de tu vida y ser recompensado por ello.

Aquí hay algunas preguntas que puedes responder que te ayudarán a encontrar el propósito de tu vida. Nadie más lo hará por ti. Toma un tiempo de tu ocupada rutina diaria y considera las siguientes preguntas.

1. Si tuviera que adivinar el propósito de mi vida, ¿cuál sería?

2. ¿Qué es lo más importante en mi vida?

3. ¿Qué me encanta hacer, más que cualquier otra cosa?

4. Si solo me quedaran seis meses de vida, ¿qué me gustaría lograr?

5. ¿Qué me gustaría dejarle al mundo, como mi legado?

6. ¿Qué haría con mi vida si supiera que no puedo fallar?

7. Si el dinero, el tiempo o las responsabilidades actuales no fueran un problema, ¿qué me gustaría hacer con mi vida, más que cualquier otra cosa en el mundo?

8. ¿Qué actividades he descubierto que me dan más placer?

9. Cuando era niño, ¿qué soñaba hacer con mi vida?

10. ¿Cuál ha sido el mayor desafío que he superado hasta ahora en mi vida?

11. ¿Podría ayudar a otras personas a superar ese mismo desafío?

12. ¿Qué desafío me encantaría superar y luego ayudar a otros a lograr lo mismo?

13. ¿Quiénes son las personas que más admiro?

14. ¿Por qué admiro a estas personas?

15. ¿Qué cualidades poseen estas personas por las que también me gustaría ser conocido?

16. ¿Cuál es el sueño más grande que he tenido en mi vida?

17. ¿Qué deporte, arte u oficio he disfrutado más?

18. ¿Qué pasatiempos he seguido?

19. ¿Cómo sería mi día perfecto?

20. ¿Qué me gustaría hacer, AHORA MISMO?

21. ¿Qué regalo especial tengo que podría darle al mundo?

22. ¿Qué me hace llorar de alegría?

23. Si me dieran tres deseos, ¿cuáles serían?

24. ¿Qué dice mi corazón que debo hacer con mi vida?

25. ¿Qué cualidades poseo de lo que estoy realmente orgulloso?

26. ¿Qué he hecho en mi vida de lo que estoy realmente orgulloso?

27. Al final de mi vida, ¿qué lamentaría más no haber hecho?

28. Si tuviera que adivinar el propósito de mi vida y comenzar con algo que me emociona, ¿cuál sería?

Medita en estas preguntas por un tiempo. Elige una respuesta con la que realmente puedas relacionarte, y hazte la pregunta una y otra vez, hasta que tengas una respuesta. Las respuestas están dentro de ti. Si preguntas, recibirás tu respuesta. Puedes vivir una vida de propósito. ¡Puedes vivir una vida de pasión y éxito! Pregúntate, hasta que obtengas una respuesta. Y luego toma una acción masiva. Vale la pena, lo prometo.

Entrevista No. 3.
TATIANA URIBE

YouTube.com/tatiuribem

https://www.tatiuribe.com

Twitter: @tatiuribem

Instagram: @tatiuribem

Facebook: @Tatiuribem

Perfil

Tatiana Uribe Montoya es Comunicadora Social y Periodista de la Universidad Pontificia Bolivariana (Medellín, Colombia). Su especialidad es el marketing digital y el desarrollo de emprendimientos y marcas personales. A sus 25 años es también la fundadora y CEO de QuéFigura Agencia Digital, un emprendimiento que ha ayudado a más de 200 empresas a desarrollar sus sitios web y sus estrategias de marketing de contenidos. Esta agencia la creó con el objetivo de conectar a las pequeñas y medianas empresas con los ambientes digitales, entendiendo que solo asesorando a sus clientes paso a paso, ellos podrían confiar en esta nueva forma de mercadeo.

Tatiana además es la creadora de "Tati Uribe" una marca personal que inició cuando ella tenía 19 años. Al principio hablaba de moda, belleza y estilo de vida, pero poco a poco se fue transformando en lo que es ahora: una comunidad de más de 300.000 personas donde habla de emprendimiento, productividad y desarrollo personal. Hasta la fecha, ha asesorado a más de 1.000 emprendedores de diferentes partes del mundo y ha colaborado con múltiples marcas, universidades, empresas de tecnología y más.

En sus redes sociales, Tatiana comparte una mezcla de su vida personal y cómo intenta mantener un equilibrio en el área laboral para que el tiempo de calidad con su esposo, su bebé y sus padres no sea una opción, sino una prioridad. Esto ha hecho que muchas mujeres que también son madres y esposas jóvenes generen una conexión especial con su contenido y se inspiren a lograr esos proyectos de vida que aplazaron por alguna razón.

Entrevista

— **Hola Tatiana, cuéntanos un poquito de tu vida. ¿Qué te animó a empezar el canal de YouTube y cuál fue la razón principal por la cual empezaste?**

— Desde muy pequeña quise estudiar periodismo. Me veía en los medios de comunicación y tenía muy claro que quería estudiar Comunicación Social y Periodismo. Finalizando el colegio e iniciando mi carrera profesional muchas personas me dijeron que ingresar a un medio de comunicación era muy complicado, pero yo quería comunicar mi pasión con alguien. Entonces, viendo muchísimos videos de YouTube me di cuenta que era una plataforma muy interesante para mostrar mi contenido sin necesidad de que alguien aprobara lo que estaba haciendo, sino simplemente con la naturalidad de expresar lo que mi sentir quería decir. Me daba mucha pena y un poco de vergüenza grabarme frente a una cámara casi que hablando sola.

Al principio mis papás no entendieron mucho cómo funcionaba YouTube, así que me senté con ellos, les expliqué, y les pareció un tema absolutamente encantador. Desde ese momento me empezaron a apoyar mucho, me daban mucha motivación para hacer mis videos semanales, e incluso me ayudaban a grabar. Partiendo de esa motivación inicial que era tener un espacio para compartir mis conocimientos o mis pasiones y mis gustos, más todo el apoyo que recibí por parte de mi familia decidí emprender con este tema de generar contenido para YouTube.

— **¿Cuál fue tu miedo más grande al empezar este canal? Tú sabes que tenemos vocecitas en nuestra mente, ¿cuál fue ese miedo número 1 y más grande?**

— Me dio muchísimo miedo el qué dirán. Creo que eso fue lo más miedoso para mí, me daba muchísima pena que la gente se riera de mí, o que mis amigos de Facebook del colegio vieran que estaba haciendo videos para YouTube. De hecho, recuerdo que una vez en la universidad unas amigas le empezaron a contar a todo el mundo que yo hacía videos para YouTube y me dio muchísima pena. Pero, reitero que siempre tenía a mis papás diciéndome que lo tenía que hacer porque era lo que me gustaba y que uno no podía andar por la vida dándole gusto a todo el mundo; ellos canalizaron bastante ese miedo.

— **¿Qué te mantuvo adelante? Sé que tuviste un gran apoyo de tus padres con el canal de YouTube, que no todo el mundo lo tiene e indudablemente es un apoyo excelente, pero, ¿qué te mantuvo ahí? Digamos, ¿al principio el crecimiento que tuviste fue exponencial o lento?**

— Muy lento. Me demoré aproximadamente un año en conseguir 1.000 suscriptores. Al principio toda mi temática era sobre moda y belleza y ya después ninguno de estos temas era tan importantes y significativos en mi vida. Para generar contenido se me dificultaba mucho porque no tenía motivación con los ejes temáticos. Con el paso del tiempo y recibiendo mensajes de mi comunidad, entendí que había personas con problemáticas muy profundas y que yo solamente estaba hablando de moda, que en muchos casos se puede ver superficial.

Empecé a analizar la idea de cerrar mi canal en YouTube, porque no estaba teniendo muchas interacciones y no tenía claro qué hacer con mi contenido, así que estaba siendo inconstante. Pensé en quedarme solo con Instagram y dejar el canal de YouTube de lado.

Pero, resulta que a principios del 2018 subí un video explicando cómo daba clases de español por internet y ese video tuvo muy buenas reproducciones, la gente me comentaba mucho, me preguntaban más sobre mis emprendimientos; mi trabajo principal son los negocios que he creado: una agencia de marketing digital y todo el tema de cursos y asesorías, así que la gente se empezó a preguntar mucho más por este tema de emprendimiento, productividad y de esta forma la misma audiencia me fue encaminando otra vez. Creo que mi motivación más grande era, en ese momento que tenía 70.000 suscriptores, continuar con mi audiencia, con los poquitos que interactuaban, porque en ese momento mi *engagement* estaba bastante bajo. Ellos me motivaban y me motivan a seguir generando contenido de valor. Mi motivación siempre ha sido tener una comunidad sólida. Creo que tanto mi audiencia como mi interés por tener una comunidad fueron los que me alentaron a seguir, incluso cuando estaba a punto de desistir.

— **Y, en general en tu vida, ¿cuál es tu mayor inspiración?**

— Creo que mi familia, mi sueño siempre ha sido tener una vida donde compartir con mi familia no sea una opción, sino mi prioridad. Todo el tiempo estoy buscando trabajos, formas de ingreso y estilos de vida que me permitan hacer de mi familia una prioridad. En este momento las personas más importantes en mi vida son mi esposo, mi hijo y mis papás. Cada vez que tengo conversaciones con ellos empiezo a entender que el sentido de mi vida está en ayudar a las personas a través de lo que sé, y si como consecuencia de esa ayuda a los demás puedo generar ingresos pues está perfecto. Pero siempre busco entender que necesito ir buscando en la vida lo que me haga feliz y no concentrarme solo en producir dinero, generar títulos o en ser demasiado exitosa. Siento que el mantra de mi vida es: "Mi mayor éxito es ser feliz". De esta forma mi inspiración es poder tener tiempo para ser feliz y que el éxito, los títulos y el reconocimiento vengan como añadidura de eso que me llena el alma.

— **A ver, como seres humanos tenemos días en los que no nos levantamos al 100% por más que manejamos nuestra mente, nuestra energía y todo. ¿Qué haces en esos días en los que te levantas y tu energía está un poco baja, cómo lo manejas, qué haces, qué técnicas tienes? ¿Qué le dirías a tu audiencia o a las personas que están leyendo este libro?**

— Bueno, siempre siento que cuando mi energía está súper bajita o que mi mente me está fallando es porque estoy en un punto de mucho agotamiento, así que darme espacios para dormir y descansar es súper importante. A mí me encanta hablar del tema de productividad, de sacarle el máximo provecho al día, pero siento que, para ser productivos, tenemos que estar descansados. Obviamente, en este momento, teniendo un bebé, no es fácil decir que voy a dormir en cualquier momento porque no siempre es posible, pero sí trato, cuando me siento bajita de ánimo, dormir y descansar, porque cuando sigo pensativa en mis momentos de cansancio siento que mi mente me juega muy malas pasadas.

Por otro lado, cuando no puedo dormir ni descansar, pero siento que estoy negativa o baja de energía, lo que hago es agradecer. Estoy segura de que cuando uno agradece empieza a transformar esa mala energía en actitud positiva. Así que hago un recuento de por qué debería estar agradecida por mi trabajo. Por ejemplo, cuando me levanto con ganas de dormir solamente y de no atender a ningún cliente, lo que hago es tratar de agradecer mucho por mi trabajo y entender que si no lo tuviera pudiera estar en una situación que no me hiciera feliz. Esa gratitud empieza a cambiar el chip de mi mente y así logro tener la capacidad mental para afrontar el día que llega.

— **¿Cuál dirías que es tu próxima meta?**

— Yo divido mis metas por áreas de mi vida. De una forma general la meta de mi vida y lo que siempre quiero lograr es felicidad y tranquilidad; si yo me acuesto y fui feliz, entonces me siento muy realizada y siento que cumplí mi meta del día. Hablando en términos más concretos, en la parte profesional me gustaría muchísimo hacer cursos, de hecho, en este momento estoy grabando uno, esa es la meta a corto plazo. A un mediano plazo me sueño haciendo conferencias por todo el mundo. A nivel familiar es siempre encontrar la unión y el amor en mi familia, esa siempre va a ser mi meta.

— **¿Qué es una de las cosas que más te motiva a seguir adelante?**

— Me motivan mucho los comentarios de mi audiencia. Afortunadamente tengo una audiencia muy positiva y cuando entiendo que lo que estoy haciendo a través de mis redes sociales puede ayudar un poquito o transformar demasiado siento que lo que hago sí tiene sentido y que, aunque hay personas que crezcan mucho más rápido que yo en comunidad, en audiencia, en campañas promocionales con marcas, desde que esté impactando positivamente la vida de una persona, siento que ya mi trabajo tiene sentido.

— **¿Cuáles serían los tres consejos que le darías a las personas que más quieres en tu vida?**

— Lo primero y más importante es que todo lo que hagan, lo hagan con amor, porque siento que el amor es la fuerza que mueve al mundo. Cuando uno ama algo, empieza a vibrar con eso que está haciendo, si tú amas lo que estás haciendo definitivamente lo tienes que hacer bien, porque el amor nos lleva a investigar, a aprender, a apasionarnos con lo que estamos haciendo y eso va a tener como consecuencia única el éxito. Lo segundo que recomendaría siempre es tener muchísima gratitud en el corazón, porque cuando uno agradece, evita compararse con el otro, y cuando uno adquiere hábitos de vida donde todo el tiempo se compara es muy infeliz y sufre mucho, en cambio cuando uno agradece tanto por lo que tiene, empieza a valorar su propia realidad sin compararse con los demás.

Lo tercero que le recomendaría a una persona que ame mucho es que entienda que en la vida uno siempre tiene que ser útil, que sepa hacer muy bien lo que hace, pero también sea muy agradable, es decir, ser muy buena persona. De nada nos sirve acumular títulos y ser una persona cruel, déspota y grosera. Siempre tratar a los otros con amabilidad porque todos nos merecemos un trato amoroso y amable, y cuando uno es bueno con el otro las puertas se empiezan a abrir también.

— **¿Cuál dirías que es tu punto más fuerte en cuestión de tu personalidad?**

— Creo que soy muy apasionada con lo que hago, cuando algo se me mete en la cabeza, lo pienso como un sueño, me lo trazo como una meta y lo ejecuto como un proyecto que se tiene que cumplir, eso me hace ser una persona súper constante y no me rindo tan fácil. Creo que la muestra de eso es mi canal de YouTube.

— **¿Cuál es tu punto débil? Como seres humanos todos tenemos un punto que de pronto tenemos que trabajar más. No somos perfectos, con respecto a ese puntico, ¿cuál seria y cómo lo manejas?**

— Creo que en algunos puntos podría ser muy ansiosa y esa ansiedad a veces me lleva al perfeccionismo. Sin embargo, pienso que muchas veces es mejor hecho que perfecto. En ocasiones los proyectos se me pueden retrasar por esas ganas de que todo sea extremadamente perfecto, e incluso me pasa que cuando lo pongo a prueba de otras personas me dicen que lo ven súper bien, pero yo no lo veo bien. Esto me genera un poquito de ansiedad y cuando uno es muy ansioso pierde calidad de vida. Así que he ido trabajando en eso, de no ser tan ansiosa, de aprender a soltar un poquito más, entender que puedo delegar, y eso me ha ayudado bastante a amortiguar ese punto débil.

— **Cuando somos chicos una de las grandes cosas que nuestros profesores o las personas adultas nos incitan es a no cometer errores, pero sabemos que cometiendo errores es que aprendemos, entonces, ¿cómo tomas tú los errores que has cometido y cómo le aconsejarías a las personas que le tienen miedo a cometer errores?**

— A lo largo de nuestra vida tenemos adultos que nos quieren proteger porque hay experiencias que no son absolutamente necesarias de vivir. Hay mucha gente que dice: "yo no me arrepiento de nada de lo que he hecho", en mi caso siento que, si yo no hubiera tenido ciertas experiencias negativas, tampoco las hubiera necesitado mucho y ojalá no las hubiera tenido que vivir. Sin embargo, en el camino es inevitable que cometamos errores. Aunque existan muchos adultos a nuestro alrededor que nos quieran proteger, es inminente cometer un error. Yo siento que los errores son oportunidades de aprendizaje si se pueden canalizar bien, pero también se pueden convertir en el resultado de tu existencia para siempre. Ejemplo, una persona que consume drogas puede estar súper conectada con la droga para toda su vida y arruinar su existencia por completo o puede tener un episodio de drogadicción, aprender muchísimo, y luego inspirar a otros, ayudarlos y transformar la sociedad. Los errores pueden ser buenos en la medida en que tú entiendas cómo rescatar los aprendizajes de esos errores y así es como yo asumo los que he cometido en mi vida.

— **¿Cuál es tu misión de vida?**

— Mi misión de vida a nivel personal es ser feliz y mi misión de vida a nivel social es inspirar a otros a que sean felices. En este momento de mi vida lo quiero hacer desde el emprendimiento, la productividad y el crecimiento personal, pero no sé a lo largo de mi vida qué me vaya a deparar esa misión. Siento que a través del contenido que género, inspirar a otros a que sean felices es lo más importante para mí.

— **¿Cuál es tu mayor miedo y cómo lo manejas?**

— ¡Uy! mi mayor miedo es que se mueran las personas que más amo en mi vida y también morirme yo, le tengo pánico a la muerte. A veces por la noche me acuesto y me pongo a pensar en eso y me da muchísima angustia, de hecho, ayer lo pensé y me dio mucho miedo. Simplemente trato de vivir el presente y no preocuparme por eso, pero sí es un miedo bastante fuerte en mi corazón.

— **¿Qué consejo le darías a las personas que quieren emprender un negocio en línea?**

— Me parece súper importante que las personas que quieran emprender un negocio en línea entiendan que esto no es simplemente subir fotos de los productos, sino que tenemos que crear una conexión real con la audiencia. No nos sirve tener clientes, nos sirve conseguir personas que amen la marca, porque si solo tenemos clientes vamos a tener una compra y pocas posibilidades de recompra, lo que tenemos que hacer es cosechar una audiencia. Siempre les recomendaría que abrieran un perfil en Instagram, pienso que esta red social es súper importante actualmente para cualquier emprendimiento porque la mayor parte del público a nivel mundial está ahí. Asimismo, les recomendaría que aprendan cómo usar la herramienta de forma correcta para conectar con las personas y entender cuál es ese público potencial que tienen y cómo enamorarlos de la marca, más que venderles un producto o un servicio.

— **¿Cuáles serían las tres palabras que tú crees dirían las personas que mejor te conocen en tu vida? Tres palabras que te definan, digamos, determinada o apasionada, etc.**

— Creo que amorosa, apasionada y trabajadora.

— **Sabes que las personas más exitosas tienen una rutina desde que se levantan. Manejar la mañana es muy importante. ¿Tú tienes una rutina cuando te levantas? Y, si la tienes, ¿Cuál seria y qué le aconsejarías a tu audiencia en relación a esto?**

— Antes de tener a mi bebe podía establecer rutinas demasiado estrictas y muy coherentes con mis objetivos de vida, pero ahora realmente he entendido que si me centro demasiado en una rutina especifica voy a estar muy ansiosa todo el tiempo. Hay noches donde puedo dormir perfectamente bien y puedo despertarme a la hora que quiero y ser completamente productiva, pero hay noches donde mi bebé se despierta mucho y el cansancio no me permite seguir.

La recomendación que yo daría de forma muy honesta es que hay que hacer una rutina y ojalá sea siempre madrugando mucho más que trasnochando. Eso es algo en lo que fallo mucho porque soy una persona más nocturna que diurna. Cuando madrugas, te conectas con tu esencia, te organizas, haces ejercicio y desayunas bien, estás listo para empezar el día con muy buena energía. Esta es una rutina que me encanta, pero realmente ahora siendo mamá intento ser un poco más flexible poniendo como prioridad a mi hijo y sus necesidades;

hay veces donde me despierto y lo primero que tengo que hacer es alimentarlo y no puedo tener ese espacio de conectarme conmigo. Pero sí les diría a las personas que puedan hacer una rutina y que sienten que están en la capacidad de hacer todo en un orden estricto, que haciéndolo van a encontrar muchísima productividad en su vida.

— **¿Qué consejo le darías a la nueva generación que tenemos hoy en día? Venimos de una mentalidad en la que, nuestros padres siempre queriendo lo mejor para nosotros, nos aconsejan ir a la universidad, graduarnos y tener un trabajo. Sin embargo, en la nueva era esto ha cambiado bastante, ¿qué le aconsejarías a los millennials, a esta nueva generación?**

— Lo primero que uno debe hacer en su vida es identificar realmente quiénes te aman, porque el problema es que con las redes sociales y con la forma en la que conectamos, que es tan abierta, tenemos la posibilidad de que muchas voces influyan en nuestra vida. Estamos escuchando todo el tiempo lo que nos dicen los demás y por eso es que muchos millennials están afrontando su vida desde la perspectiva de otros y no desde lo que realmente quieren y les apasiona. Muchas veces encuentro personas que me dicen "Es que yo quiero hacer esto, pero mis papás no me lo permiten, yo amo mucho a mis papás y por ellos voy a estudiar esto". Si tu sientes que realmente tus papás te aman mucho, o tus abuelos o tus tíos o tus hermanos y están enfrentados a ese proyecto, por ese amor que hay en medio debes tomarte el tiempo de explicar lo que tú quieres hacer y por qué es importante para ti.

A veces nos enfocamos mucho en juzgar a las personas que son más adultas, porque no nos apoyan, pero es que estas personas no entienden, les estamos cambiando completamente el chip, les estamos cambiando completamente la estructura mental que ellos tienen de lo que respecta al trabajo, al estudio, a la forma en que nos desenvolvemos socialmente, entonces nos tenemos que tomar el tiempo para explicarles nuestro proyecto, no simplemente ir por la vida diciendo "yo hago lo que me venga en gana" y ya. Podemos utilizar el diálogo como una herramienta para que ambas generaciones se encuentren y hallen un punto medio, creo yo que esto es súper importante. Ahora, hay casos donde ya es demasiado extremo, donde la familia no te apoya. En estos casos, uno siempre tiene en su corazón una chispa interior que te dice esto es lo que tienes que hacer y esta es tu misión en el mundo, y de ser así uno sí debe luchar por lo que le gusta.

No obstante, creo que también se requiere mucha madurez para entender si realmente es un gusto que ha sido prolongado en tu vida, una pasión que ha estado ahí durante mucho tiempo o simplemente es un capricho arbitrario e inmaduro. Porque también pasa mucho que una persona a los 17 años, por ejemplo, dice que quiere hacer algo, al mes cambia totalmente, al otro mes vuelve y lo cambia. Si no existe un hilo conductor en tus sueños y en tus pasiones creo que sí es bueno dejarse direccionar un poco. Pero si realmente sientes que determinadamente eso es lo que quieres hacer el resto de tu vida hay que dialogar, tratar de hacer entender tu proyecto de vida, y luego si definitivamente no se puede, hay que luchar como sea para lograrlo.

— ¿Qué querías ser cuando eras niña?

— Desde que nací quería ser periodista, fue lo que estudié: comunicación social y periodismo, me apasionaba demasiado. Recuerdo que todo el mundo quería ser astronauta, policía, bombero, y yo solamente quería ser presentadora de un noticiero.

— **Siempre hay algo detrás de lo que queremos, ¿de dónde crees que viene esa pasión de informarte e inspirar a otras personas? ¿siempre lo has tenido?**

— Sí, siempre lo he tenido, de hecho, creo que mis papás vieron que yo tenía esa pasión desde siempre. Desde chiquita también me motivaban y me hacían muchos videos, me ponían a explicar en la cámara muchas cosas, por ejemplo, si nacía un pajarito me decían que hiciera un reportaje sobre el pajarito, desde niña detectaron mi pasión y la fueron desarrollando. En mi país (yo vivo en Colombia) y específicamente en mi ciudad, Medellín, hay un estereotipo que las mujeres que estudian comunicación social es porque son bonitas y brutas o no tienen una capacidad intelectual muy alta. Cuando yo estaba en el colegio me iba muy bien, tenía notas excelentes y cuando decidí que iba a estudiar esta carrera de inmediato todos mis tíos dijeron que esto no era para mí, que yo debía estudiar algo más interesante, pero mis papás siempre han estado ahí súper pendientes y ellos me recordaron que siempre habían visto esas capacidades, que era lo que siempre me había gustado y que me apoyaban totalmente.

— **Es importantísimo tener el apoyo de los seres queridos. Okay Tatiana, estas son todas las preguntas, voy a presionar el stop recording en un momento.**

METODO

Investigación de mercado

Para convertirte en un influencer con el que la gente quiera trabajar, primero debes elegir un target rentable y que te apasione. Si bien puede ser tentador aventurarse en múltiples nichos, si deseas posicionarse como un influencer de buena reputación, te recomiendo elegir un mercado principal, especialmente cuando recién comienzas. Si no estás seguro de cuál target de mercado es el mejor para ti, considera tus propias experiencias y habilidades personales. ¿De qué tienes conocimiento? ¿Qué habilidades posees que otros encontrarían útiles de alguna manera? Aprovechar las habilidades existentes es la forma más fácil de encontrar un nicho en el que puedas moverte rápidamente con poca o ninguna curva de aprendizaje involucrada.

También es una gran idea elegir un target que te apasione. Si sabes mucho sobre un tema específico, es probable que las personas estén interesadas en aprender de ti y escuchar tus propias historias personales. Si estás interesado personalmente en un tema específico, también aparecerás en su marketing, comunicaciones y la gente volverá a ti una y otra vez porque su mensaje de marketing resonará con ellos. Entonces, elige un target que tú quieras para ser reconocido como la persona a la que deben acudir. No obstante, toda tu marca se centrará en este target, así que debes elegirlo con cuidado.

Una vez que hayas determinado en qué nicho de mercado estás interesado, querrás encuestar a la competencia. Analiza los mejores blogs en ese mercado para que puedas identificar temas clave y evaluar en qué personas están más interesadas, así como con qué están luchando. Esto te ayudará a determinar un ángulo único para tu propia marca, de modo que puedas conectarte con un público más amplio de personas que buscan información específica. También te ayudará a crear tu propio sitio web o blog para que brindes contenido que a la gente le interese o esté buscando.

Luego, llévalo a las redes sociales. Sigue a los principales influencers en tu mercado en Facebook, Instagram y Pinterest. Mira lo que están haciendo, qué tipo de temas están cubriendo, así como el tipo de respuestas que están recibiendo de su audiencia actual. La investigación de mercado es una parte integral en construir una base sólida para tu marca, pero también establece el tono para tu estilo y voz de marketing. De igual forma, debes estar atento a los temas que la competencia aún no ha cubierto porque este es un excelente punto de entrada para tu propio sitio web o cuenta de redes sociales.

¿Qué sigue? ¡Es hora de evaluar la rentabilidad del target!

Amazon es un excelente lugar para comenzar, especialmente si estás interesado en un nicho con mucha información, como programas de capacitación o guías. YouTube también es un lugar invaluable para llevar a cabo una rápida investigación de comunidades y target porque puedes medir fácilmente su popularidad solo por la cantidad de videos publicados diariamente, así como por la cantidad de personas suscritas a canales en ese mercado.

También es necesario investigar posibles palabras clave en tu target de mercado mediante el uso de herramientas como *tubebuddy* u otras herramientas de palabras clave, que te ayudarán a establecer qué tan grande es tu mercado. Cuando usas una herramienta para descubrir palabras claves, puedes determinar cuántas búsquedas están realizando compradores y consumidores activos que usan esas mismas cadenas de palabras clave. Esta es una excelente manera de evaluar la popularidad general de un mercado de forma rápida y sencilla. Si descubres que las palabras clave específicas en cualquier nicho de mercado potencial reciben miles de búsquedas al mes, es un claro indicador de que el mercado es rentable con una demanda continua de productos y servicios.

Asegúrate de que tu investigación de palabras clave se centre en términos de búsqueda altamente específicos y no en términos generales. Por ejemplo, si tu target es la meditación, buscar un término amplio como "meditación" no te dará la información que necesitas. Es demasiado amplio como alcance. En cambio, lo ideal es profundizar en un segmento específico del mercado de la meditación, como "guiar la meditación del sueño".

En resumen, convertirse en un influencer en un target especifico no es tan difícil de hacer. Todo comienza definiendo tu marca, eligiendo un segmento específico de un nicho y luego construyendo una base que te permita conectarte e interactuar con esa audiencia. Tomará tiempo construir esa plataforma, pero una vez que lo hagas, podrás ganar dinero con tus esfuerzos en los años por venir. Crear videos en YouTube es como crear activos a largo plazo; creas un video que podría brindarte beneficios a largo plazo. Es como comprar una casa que te hace ganar dinero mensualmente, digamos que creas un video sobre "Cómo curar el acné" y te has afiliado a una compañía que vende productos para el acné, esta compañía te va a pagar ingresos de afiliado por todos los años.

Enfoque en un tema:
ser un experto

En lugar de cubrir todos los temas en tu nicho, elige 1 o 2 y enfócate solo en ellos. Claro, ocasionalmente puedes publicar un artículo fuera del tema, pero en general, tu contenido y compromiso general deben estar orientados a temas muy específicos. Así es como se crea una marca donde se te conoce como experto. Una vez más, deseas convertirte en la persona a la que deben recurrir en tu target de mercado y para hacerlo debes elegir un tema muy específico y mantener un fuerte enfoque en la creación de contenido que satisfaga a un público objetivo. Puedes ramificarte más tarde.

Traer algo nuevo a la mesa es importante para destacar entre la multitud, y la forma más fácil de hacerlo es elegir un tema. Por ejemplo, si descubres que la mayoría de los Youtubers en su mercado están creando videos formales que toman un enfoque serio, considera crear un canal que ofrezca conversaciones sinceras, entrevistas y contenido poco convencionales. Cuenta historias personales, comparte tus experiencias y no tengas miedo de abrirte a tu audiencia. Las personas pueden relacionarse con eso porque les muestra que una vez lidiaste con los mismos problemas y que ahora luchas para enfrentar, y sabes cómo superarlos.

Tomar un enfoque personal también lo hace más accesible, lo que resultará en que más personas se acerquen a ti en busca de contenido, asesoramiento y liderazgo. Compartir historias de crecimiento personal te conectará con tu audiencia principal. ¡Dale un giro a los temas comunes! Tus propias historias personales son exclusivamente tuyas, mientras que cubras los temas que se han hecho muchas veces antes, aún puedes crear una marca sólida con un mensaje claro que resonará en tu audiencia. Ofrecer un punto de vista único mientras te atienes a los temas que han demostrado ser populares dentro de tu target es la forma más fácil de crear una marca destacada que capte la atención.

Escogiendo tu plataforma

Una de las formas más fáciles de convertirte en un factor de influencia en tu mercado es elegir tus plataformas con cuidado. En lugar de tratar de construir una presencia en todas las plataformas disponibles, debes elegir solo una a la vez y concentrarte en crear una audiencia altamente comprometida. Además, es difícil posicionarse como un experto en un nicho si estás luchando por encontrar el tiempo para estar en todas partes. Primero, haz que tu audiencia crezca en una plataforma central y luego amplía su alcance a medida que encuentres tiempo y aprendas las formas de automatizar su comercialización.

Elegir tu plataforma principal puede ser complicado porque se basará en dónde se congrega tu audiencia. Esto significa que deberás investigar un poco más para averiguar dónde pasa la mayoría de su tiempo. Comienza evaluando las diferentes redes sociales para determinar cuál es la más popular en tu target. Lo más probable es que encuentres personas en todos los ámbitos, pero una plataforma debería destacarse. Ve con esa.

Por ejemplo, Instagram es conocido por íconos de la moda, tutoriales de maquillaje y blogueras de belleza, mientras que Pinterest es conocido por chefs, artistas, diseñadores y líderes de DYI. Sin embargo, también encontrarás iconos de moda, tutoriales de maquillaje y blogueras de belleza en Pinterest. Siempre habrá un cruce, pero es importante determinar la plataforma preferida por tu audiencia para que puedas concentrar tu energía en crear seguidores allí.

No obstante, sigue adelante y asegura tu marca en todas las redes sociales populares para que puedas usarla más adelante cuando amplíes su alcance. Es un componente importante para proteger tu marca, incluso si inicialmente solo te centrarás en una plataforma. Asimismo, al escoger con cuál red social ir, debes considerar la demografía de tu audiencia. Las personas mayores tienden a acudir a Facebook, mientras que los consumidores más jóvenes prefieren Instagram, SnapChat o Pinterest. Si eliges solo una plataforma cuando recién comienzas, te será más fácil construir una presencia fuerte rápidamente, al tiempo que aseguras que pasarás tu tiempo sabiamente.

Crear un plan de acción

Convertirse en un influencer exitoso implica crear un plan de acción, que te llevará de principiante a profesional de manera rápida y fácil, además de que contribuirá a mantenerte enfocado mientras atiendes el contenido que tu audiencia más desea. Así que, comienza a crear una lista de prioridades. Esto incluiría las principales tareas que debes completar para establecer un punto de apoyo en tu mercado y aumentar el número de seguidores.

Crecer un canal de YouTube: Publica uno o dos videos cada semana en el mismo día para crear un horario consistente en el que los suscriptores puedan confiar.

Configura una cuenta de lista de correo: Conectarte con tu público objetivo es mucho más fácil cuando puedes comunicarte con ellos cuando lo desees, así que comienza a construir una lista de correo de inmediato.

Tu plan de influencia también debe incluir **hashtags específicos** a los que te dirigirás a lo largo de tus transmisiones y actualizaciones. Los hashtags se convertirán en parte de tu marca y te ayudarán a conectarse con tu público clave. Si no estás seguro de qué hashtags usar, pasa un tiempo investigando lo que influencers existentes en tu mercado están usando activamente. Luego, crea un archivo deslizable de todos los hashtags posibles y modifícalo en tus mensajes. Puedes usar la herramienta *All*

Hashtag Generator para localizar rápidamente hashtags populares en tu target.

Simplemente ingresa una palabra clave inicial y el sitio web mostrará listas de hashtags sugeridos basados en relevancia y popularidad general. Esta es una excelente manera de encontrar hashtags que encajen perfectamente con tu marca.

Planeando tu contenido

Mantenerse constante es clave para convertirse en un influyente exitoso. Las personas necesitan saber qué esperar de ti y confiarán en ti para recibir actualizaciones periódicas. En este sentido, crear un calendario de contenido es la forma más fácil de mantenerse enfocado y encaminado, y del mismo modo te ayuda a generar nuevas ideas para nuevos temas, mientras mantiene un pulso sobre lo que ya se ha creado de contenido. Independientemente de cómo planees publicar el contenido o del formato que tienes la intención de ofrecer, un calendario de contenido es el camino a seguir.

La frecuencia con la que crees y publiques contenido nuevo dependerá de tu target y de aquello a lo que esté acostumbrado tu público. Esto significa, ¡seguir con la investigación! Observa con qué frecuencia los competidores publican contenido y qué formatos ofrecen. Si planeas crear un canal de YouTube, es probable que desees cargar al menos un video nuevo cada semana. Por su parte, si planeas escribir en un blog, inicialmente querrás hacer publicaciones de 5-10 temas principales y luego programar publicaciones futuras semanalmente.

¡Usa la automatización a tu favor siempre que sea posible! Con Wordpress, puedes programar publicaciones para que se publiquen en fechas y horas específicas. Cuanto más integres la automatización en tu programa de creación de marca y publicación de contenido, más fácil será mantener la coherencia y crear seguidores.

Por otra parte, crear eBooks informativos, únicos y bien escritos es una de las formas más fáciles de ganar dinero en línea, pero también es una excelente manera de poner tu pie en la puerta de cualquier nicho y comenzar a construir tu propia comunidad. Escribe una guía completa para abordar un problema en tu mercado, o escribe un breve informe que resuelva un problema específico y riégalo para construir seguidores y hacer crecer tu lista.

La clave es concentrarse en resolver un problema específico en tu producto digital, o abordar un problema clave con el que se enfrenta tu mercado. Si planeas crear videos, intenta enfocarte en discutir un punto para que cada video tenga una marca específica para resolver un problema o abordar un problema. Los productos de resolución de problemas siempre serán más fáciles de vender, además de que te ayudan a identificar y apuntar a tu base de clientes para que cuando llegue el momento de crear campañas de marketing sepas exactamente cómo llegar a tu audiencia.

Cuando se trata de crear publicaciones informativas para tu sitio web o blog que le encantarán a su audiencia, considera crear un archivo deslizante de las 10 preguntas principales dentro del mercado elegido. Luego, crea una publicación fundamental que responda esas preguntas. Esta es también una excelente manera de optimizar tu sitio para palabras clave relevantes. Asimismo, intenta crear un calendario editorial para tu contenido para que sepas sobre qué planeas escribir (o crear) de antemano.

Idealmente, debes pensar con 3-4 semanas de anticipación para poder planificar en consecuencia. Eso también asegurará que no te quedes luchando por ideas de contenido. De todos modos, concéntrate en un tema clave dentro de sus campañas y transmisiones de redes sociales.

La idea es promocionarse como la mejor fuente de información sobre un tema específico para no desviarse demasiado del rumbo. No quieres confundir a tu audiencia o tu marca.

Conectándote con tu audiencia

Una cosa es publicar mantener actualizado tu blog o canal, y otra es interactuar con tu audiencia. Como influencer, **el compromiso es lo que más importa**. Por lo tanto, haz tu mejor esfuerzo para conectarte y comunicarte siempre con quienes te siguen o suscribirte a tu contenido. Responde los comentarios del blog, agradece a quienes se comuniquen contigo a través de las redes sociales y demuestra a las personas que no solo eres accesible, sino que estás realmente interesado en ayudarlos de alguna manera.

Ten en cuenta que con las redes sociales se utilizan algoritmos para determinar qué contenido se debe ver primero y qué (y quién) se expone más. Mucho de esto depende de cuán comprometido esté tu público, así que haz todo lo posible para estar presente y activo en tu mercado. Esta es también la razón por la que la automatización es tan importante cuando se trata de construir tu marca e involucrar a tu audiencia. Al automatizar publicaciones, actualizaciones y transmisiones, liberarás tiempo que se puede utilizar para conectarte personalmente y responder a las personas de tu comunidad.

Redes y Asociaciones

Colaborar desde el principio no siempre es fácil, especialmente si te diriges a personas influyentes establecidas que ya han hecho el trabajo de crear seguidores y consolidar la base de su marca. En lugar de esto, concéntrate en buscar posibles oportunidades de establecer contactos con personas que estén al mismo nivel que tú. ¡Mantenlo simple!

Inicialmente, considera los blogs invitados de sitios web populares en tu mercado, proporciona contenido a blogueros experimentados que luego puedan ofrecer oportunidades de redes futuras. Luego, evalúa la posibilidad de crear un producto digital en forma conjunta y ofrece presentar a alguien en tu canal en crecimiento. El tamaño de tu audiencia es importante, sobre todo cuando se trata de conseguir oportunidades de trabajo en red con profesionales experimentados. Aunque en cualquiera que sea el caso, el nivel de compromiso es igual de importante.

Si puedes demostrarle a un influencer que tienes una audiencia ávida y que estás dedicado a proporcionar valor en el mercado, aumentarás tus posibilidades de que se te ofrezcan asociaciones de empresas conjuntas que puedan ayudarte a llevar tu negocio al siguiente nivel. Y, por supuesto, colaborar con personas influyentes solo ayuda a aumentar el poder de tu marca. Las asociaciones lo son todo en lo que respecta a los negocios en línea, por lo que al asociarse con alguien que tenga un seguimiento existente, ¡podrás aprovechar su comunidad y promover tu propia conciencia de marca!

Sin embargo, la micro influencia (un término que se refiere a aquellos con audiencias más pequeñas pero comprometidas) es el primer paso para construir tu perfil y aumentar la exposición, así que comienza con poco y formula un plan que te ayude a alinearte con otros en tu mercado, donde puedes ayudar a cada uno a crecer.

Entrevista No. 4.
SALVADOR MINGO

Youtube: Salvador Ming https://www.youtube.com/
SalvadorMingoConocimientoExperto

Twitter: @s_mingo

Instagram: @salvadormingo

Facebook Group: Conocimiento experto

Perfil

Salvador Mingo es un apasionado emprendedor de los Negocios por Internet.

Es empresario, inversor, autor, podcaster, vlogger, mentor y coach especializado en ayudar tanto a personas como empresas a desarrollar su modelo de negocio exitoso en Internet.

Salvador Mingo es bien conocido por su programa para impulsar a Emprendedores Digitales a desarrollar su estrategia de Branding Personal, así como por su pasión por la lectura y la mejora del estado mental, lo que lo llevo a crear su Podcast Conocimiento Experto con más de un millón de descargas.

Entrevista

— Antes de empezar en YouTube ¿A qué te de dedicabas?

— Me dedicaba a la Ingeniería de Sistemas. Estaba muy ligado a la cuestión de los análisis de sistemas, específicamente, todo lo relacionado con crear soluciones basadas en la tecnología, por ejemplo, en empresas que proveen servicios a otras, y sobre todo en soluciones de software.

— **Pero, ¿eras independiente o trabajabas para una empresa?**

— No, trabajé para varias empresas en su momento.

— **¿Es esto lo que querías hacer desde que eras chico, o tenías otros sueños cuando eras niño? ¿Qué querías hacer cuando eras niño?**

— De niño quería ser astronauta. Siempre me gustó mucho toda la cuestión de astronomía y siempre fui curioso por naturaleza. De niño, dentro de los sueños que uno tiene, por lo menos en mi caso, iba muy ligado hacia una cuestión de fantasía, salir del mundo.

— **¿Qué generó un cambio en cuanto a eso? Pues, en el camino de "ser astronauta" hay muchas personas que no lo siguen por una cantidad de razones, pero, ¿cuál fue ese momento en que tú dijiste "bueno, lo de astronauta de pronto no" y seguiste con otra cosa?**

— Como todo, cuando las cosas son nada más picar un botón y te vas pues todo bien, pero cuando vi todo lo que tenía que hacer detrás, me di cuenta que no era mi perfil. Tampoco es algo que realmente consideré por la seriedad. Al final lo tomé como hobby; me gusta la astronomía, tengo mi telescopio y mis cosas relacionadas, pero hasta ahí, es uno de mis pasatiempos.

— **¿Qué te animó a empezar el canal de YouTube? La razón principal por la cual empezaste en este mundo de YouTube y redes sociales.**

— De hecho, antes de YouTube yo inicié un podcast (Conocimiento Experto), precisamente con una línea muy similar al canal de YouTube. Hay etapas en la vida donde tienes que definir cierto camino. Me acuerdo que hace diez años o un poco más quizá, yo me involucré mucho en el ámbito del marketing digital, empecé a generar proyectos relacionados en ese campo, y también relacionados con el área de sistemas, propuestas de negocios utilizando el internet como plataforma, etc. A raíz de eso me relacioné mucho en ese medio. A pesar de tener un trabajo regular, de ser empleado de alguna compañía, también por fuera de ella me dedicaba a este tipo de proyectos. Apoyábamos mucho a otros emprendedores, que a lo mejor la parte tecnológica se les complicaba, le creábamos lo que se conoce como los famosos "funnels" o embudos de marketing.

Desde esa línea empezó toda esta cuestión de "¿Qué podemos hacer más allá?". Una resolución que tuve fue ser capaz de responder a una pregunta que me hice en un determinado momento, hace unos tres años atrás. La pregunta es: "¿Qué cosa es aquella que puedes hacer mejor que la mayoría, donde independientemente si las cosas no funcionan, tú siempre ganas? o por lo menos… no pierdes". Incluso a la gente a la que a veces le ofrezco mi *mentorship* o trabajo con ellos les digo, "Tienes que poder responder esta pregunta". Fue sobre esa línea que yo creé el podcast y mi respuesta en aquel entonces fue que algo que se me facilita es hacer análisis de cosas, no nada más de libros si no de cualquier cosa. Soy una persona muy analítica por naturaleza, y esto es una fortaleza, tanto que la quise llevar hacia otras áreas. Asimismo, me gusta leer, aprender, el conocimiento y me gusta compartirlo, y sé que esto lo puedo hacer bien, sé que si las cosas no funcionan yo no voy a perder porque el conocimiento me lo quedo yo, por lo menos.

De esta manera fue que empecé el podcast y luego lo llevé a YouTube. Un año después del inicio del podcast me digo, "¿Sabes qué? Estoy dejando pasar un nicho enorme", por limitarme a la cuestión de audio sin hacer caso a los videos. Cabe decir que ya había hecho un canal previamente, pero sin mucho éxito, realmente era más de marketing digital, pero ni siquiera era consistente, subía un video y luego a los tres meses otro y eso no sirve. Lo que hice fue ponerle sustancia real, empezando una vez por semana a subir un video que pudiese relacionar con el podcast y de ahí poco a poco hemos continuado hasta la actualidad, donde subimos, por lo menos, cinco videos por semana.

— **Has visto que la consistencia realmente paga con YouTube, con este método de mercadeo.**

— Claro, ahí hay palabras claves, la constancia y congruencia, la consistencia y la disciplina.

— **¿Cuál es tu mayor inspiración?**

— Admiro mucho a las personas que logran crear un impacto positivo. Algo que quise hacer, fue una coyuntura personal, "¿Cómo puedo dejar un impacto positivo hacia los míos?". Es decir, tengo un hijo, sobrinos, tengo personas que a lo mejor por la época en la que se vive ya es diferente y tienen otro tipo de inquietudes y demás, pero yo pensando algo en lo que quisiera trabajar es en un legado, voy a dejar un legado personal, que si yo ya no estoy por lo menos eso pueda seguir y otros más se puedan beneficiar del mismo.

— **O sea que tu inspiración es ayudar a otros. ¿Cuál sería la palabra clave en este sentido? ¿Qué es lo que te gustaría que las personas que más quieres o más aprecias alcanzaran?**

— Si hay algo que yo puedo establecer como misión es el hecho de ayudar a la gente a que tengan un mejor estado mental. Este viene siendo un enfoque central mío, todo lo que se genera viene en función de poder ajustar el estado mental. Las personas deben tener un mejor criterio, no ser tan crédulos. Que sepan que las cosas cuestan, pero si las hacen valdrán la pena. Que no dejen de aprender ni de ser humildes. Son cuestiones importantes, sobre todo en los tiempos donde la píldora roja, el botón mágico, el objeto brillante están tan presentes y hacen que la gente se desenfoque tan rápido debido a la gran cantidad de información que hay. Esto genera que se conviertan en meros consumidores todo el tiempo.

— Exacto.

— Muchas veces no es sencillo hablarle directamente sobre esto a la gente que sigue los contenidos que hago, sobre todo aquella de mi lado más cercano, porque es probable que ni siquiera me hagan mucho caso. Sin embargo, va a llegar un momento en el que crezcan y a lo mejor necesiten esa información, y si yo estoy ojalá se las pueda dar, si no, por lo menos van a tener un punto de referencia en el cual apoyarse.

— **¿Qué estrategia utilizas en estos momentos? Como seres humanos manejamos un estilo de mente diferente, pero hay momentos en los que uno se levanta y su energía no está al cien, a todos nos pasa. ¿Tienes una estrategia la cual quieras compartir con tus**

seguidores, con las personas que están leyendo este libro, para manejar esos días en los que no te levantas al 100%?

— Sí, creo que es algo muy común. En mi caso, no creo en la motivación como tal, esto lo aprendí de Mel Robbins. Ella habla mucho de estas cuestiones de la motivación, dice que no es cierto, que la motivación como tal es basura, menciona ella. Yo creo que en cierta parte tiene razón porque la motivación te lleva a un estado de ánimo, si me siento bien lo hago, pero si no me siento bien no lo hago. Creo que la diferencia radica en hacer las cosas quieras o no quieras hacerlas, es decir, si me siento bien lo voy hacer y si no me siento bien lo voy hacer de igual manera, eso marca la diferencia. Algo que yo hago cuando el ánimo está bajo es ponerme en movimiento. Lo peor que puedes hacer es quedarte estático, si te quedas quieto, si no quieres salir de la cama, si no quieres despertar, si simplemente te lamentas porque tu ánimo no es el que quieres, todo está mal, es un día gris y demás; si sigues estático vas a seguir gris, deprimido y no vas a hacer nada. La clave es, aunque sea salir a caminar o lo que quieras, pero entrar en movimiento. En mi opinión, ese es el consejo principal para cuando las cosas o los ánimos no funcionan y además, necesitas salir de ese entorno que te está llevando a eso.

— ¿Cuál es tu próxima meta?

— La próxima meta es llegar a los 100.000 seguidores en el canal de YouTube este año, esa realmente es la meta principal. Trabajando fuerte y sobretodo enfocándonos en crear un mejor contenido, lo vamos a hacer.

— **¿Qué te motiva a seguir adelante? A perseguir tus sueños, a lograr tus ideales, ¿Qué es eso que más te motiva?**

— Una frase que a mí me gusta recordar siempre es esta en latín, "tempus fugit carpe diem". Significa "el tiempo es fugaz, aprovéchalo". Lo que me lleva a plantear esto es precisamente que el tiempo pasa y no regresa y, cada vez no nos hacemos más jóvenes, ese es un punto. Independientemente de la edad que tengas, cada vez serás más mayor, nadie se hace más joven, no hay un Benjamin Button todavía que pueda desafiarlo. Sin embargo, bajo esa línea, algo que a mí me motiva de este tipo de analogía es que a mí no me gustaría llegar a una edad donde ya no pudiera disfrutar lo que aplacé en un momento pasado diciendo, "Después cuando las cosas estén mejor lo voy a hacer". Cuándo tenga una edad mayor, no me gustaría voltear y decir, "Hubiera hecho esto, hubiera hecho aquello", en un momento en el que ya no lo puedes hacer o disfrutar de la misma forma.

Alguien decía que la clave está en disfrutar la vida aquí y ahora. De nada sirve cuando tú en el esquema tradicional de los trabajos pases 30 años de tu vida como los años productivos y a los 60 o 70 años te estés retirando para ahora sí disfrutar de la vida. Empezando por si llegas vivo y dos, si llegas, pues, ¿cómo llegas? Esa parte a mí me ocasiona mucho ruido, no puedo simpatizar con ese tipo de filosofía y algo que ha regido las cosas es eso; cambiar esa parte para poder disfrutar lo más posible, pero en el momento en el que me encuentro actualmente.

— **¿Cuáles serían los tres consejos que les darías a las personas que más quieres en esta vida?**

— Un consejo sería que no importa tanto lo que el statu quo pueda decir, lo que más bien importa es aquello que realmente te hace sentir bien. Qué actividad, qué cosa te hace sentir bien, y trates de construir algo alrededor de eso, ese sería un consejo. Otro, es que las cosas que valen la pena no son de fácil acceso, es decir, no hay soluciones rápidas, objetos brillantes y por eso poca gente las tiene. Si algo fuera de fácil acceso y fuera maravilloso todo mundo lo tendría y entonces no podría ser lo que se dice que es. Otro aspecto que también les diría es, rompan el ritmo, hay que tratar siempre de darte un espacio, un espacio hacia las cosas que realmente están ahí y que nunca vemos, por ejemplo, ponerte bajo la sombra de un árbol, o salir a un parque a caminar, a disfrutar de un helado, cosas tan simples como esas te pueden dar un sentido diferente. A veces estamos tan abrumados por el día a día que no rompemos el ritmo. Así que rompe el ritmo de vez en cuando, no digo siempre, pero sí en momentos en los que te sientes demasiado abrumando, y trata de convertirlo en un hábito.

— ¿Cuáles son tus dos puntos más fuertes como persona?

— Creo que soy una persona muy determinada y muy analítica, serían los puntos más fuertes con los cuales yo considero que está mi fortaleza central. Soy determinado en cuanto a que si digo que voy a hacer algo; es porque lo voy a hacer, pero si te digo que no lo voy a hacer, entonces es que no lo voy a hacer. No soy de los que hablan y al final no hacen, prefiero no decir nada. Determinación y facultad de análisis son las dos cosas más fuertes que poseo.

— ¿Cuál es tu punto más débil?

— Mi punto más débil es la indecisión, soy muy indeciso. A veces me cuesta mucho trabajo tomar una decisión, pero cuando la tomo soy determinado, ese es el enfoque.

— ¿Cómo tomas los errores que has cometido hasta ahora?

— En lo personal lo considero como apalancamiento. Un consejo que mencionaba Jack Ma, el dueño de Alibaba, es que, "No hay que aprender del éxito de las personas si no de los errores" y creo que eso es lo que más nos lleva a crecer. Cuando te equivocas una vez y la gente se da cuenta de que te equivocaste, créeme que no lo volverás a hacer porque aprendes realmente la cuestión. Claro, el precio puede ser a costa de cosas que duelen, pero no repites el error. Los errores los veo como apalancamiento más que otra cosa.

— **¿Cuáles son las tres palabras que dirían acerca de ti las personas que más te quieren, que más te conocen, que más saben de ti?**

— Una de las palabras sería, "interesante". Seguramente por la variedad de temas que se pueden tocar. Otra palabra es, "mente abierta", ecléctico sería la palabra. Soy muy ecléctico con las cosas. Mis posturas no van hacia los extremos si no hacia tomar lo mejor de cada cosa y generar mi propia postura. Y otra palabra sería, "no convencional"; no soy una persona convencional.

— Expande un poquito más en la parte de convencional.

— Por ejemplo, una persona convencional es una alguien que se rige mucho por las reglas establecidas. El statu quo te dice que tienes que tener un trabajo con estas características, tu familia te dice que tienes que vivir una vida de esta forma, tus amigos te dicen que lo normal es que te cases, tengas hijos y un trabajo. Mi forma de ver la vida es diferente, a veces no encajas del todo en relación a cómo la gente vive.

— A las reglas.

— Así es. Pero generas tus propias reglas y la gente dice al final "no entiendo bien qué haces ni cómo lo haces, pero te veo feliz entonces veo que estás bien".

— **¿Qué consejo les darías a las personas que quieren emprender un negocio en línea, digamos en redes sociales?**

— El consejo principal sería que los negocios online ya no son lo mismo de antes, es decir, antes el enfoque era la promoción, era promover y listo, tú generabas tu propia carta de ventas o tu propia propuesta, lo lanzabas y ya. Era la época dorada, hace diez o doce años con Google podías promover cualquier cosa y no pasaba nada, promovías redes de mercadeo, negocios milagrosos, y todo funcionaba bien. Mucha gente "hizo lodo", como dice la gente por aquí, lo que quiere decir que generó muchísimo dinero. Sin embargo, eso ya no existe.

Si una persona quiere emprender primero le diría que se quitara esa idea de la cabeza porque a veces te quieren vender eso y la verdad es que ya no funciona. El mundo online es un medio en el que cada vez hay una mayor cantidad de personas que incursionan, y la gente ya es más escéptica de todo, cada vez hay mucha más competencia ya que todo el mundo puede promover productos similares, propuestas similares, de tal manera que no hay un diferenciador. Lo que se tendría que hacer es enfocarse en la generación de valor, nada más. Si generas valor primero, antes del dinero y de los ingresos, las cosas pueden funcionar mejor. El valor al final se transforma en audiencia, la audiencia se transforma en prospectos y el prospecto se transforma en clientes, pero tienes que seguir una línea. No es nada más porque saques algún producto, servicio o promoción, la gente va a tomarlo. Si lo quieres hacer de una manera mucho más sólida sobretodo que pueda perdurar en el tiempo necesitas trabajar mucho el enfoque de valor.

— **Las personas más exitosas tienen una rutina desde que se levantan. ¿Tienes una rutina? Y si la tienes, ¿cuál es? En relación a tener mayor éxito y alcanzar tus metas.**

— Empecé con una rutina gracias al libro "Mañanas Milagrosas". Es una rutina que mencionan ahí y yo la incorporé a mi vida, previo a eso no tenía ninguna. Comencé con ella hace tres años más o menos, cuando inicio con todo este concepto del podcast y los libros. Hay una frase que me gusta y creo que tiene total razón: "Gana las mañanas y ganas el día". En este sentido, el enfoque central radica en ganar las mañanas y para ello me enfoqué en lo que plantean en el libro por medio de 6 pasos. Por un lado, meditar, visualizar, afirmar (un ejercicio de meditación más profundo; la meditación la dividen en tres). Luego, tienes los otros tres elementos, escribir, leer y hacer ejercicio. Cada quien lo relaciona en función de una duración, se supone que puedes hacer todo este proceso en menos de una hora cada mañana, la idea es levantarte a una hora temprana para que termines antes de las ocho de la mañana.

Este método funciona bien, pero después me topé con el libro de Robin Sharma llamado "El club de las 5 am". Es parecido al primero que mencioné, pero lo sintetiza un poco más simple: son 20 minutos de ejercicio, 20 minutos de meditación y 20 minutos en desarrollo personal. Me gustó más porque se me hizo más práctico. Lo que hago en las mañanas, porque a lo largo del día me daría más pereza hacer, es la cuestión del ejercicio. Lo primero que hago cuando me levanto es ejercicio, por lo menos de 20 a 40 minutos al día, según el día y según sea el caso, de lunes a viernes. Después, continúo con la meditación y finalizo con la lectura y escritura; de lunes a viernes. Los sábados y domingos no se trata de que te olvides de todo, si no que la rutina de ejercicios se convierte en algo más tipo estiramientos o yoga, un poco más reflexivo. El punto es acondicionar un poco más el cuerpo. Todos los días tienes que hacer algo, porque me ha tocado que si un día no hago algo de la rutina como tal no rindo el resto del día; mi desempeño no funciona igual.

— ¿Cuál es tu mayor miedo y cómo lo manejas?

— Debido a las características personales, soy una persona muy protectora; es una forma de ser, me gusta proteger a mi gente, a los míos. Un miedo que trabajo constantemente es el soltar. Tengo que soltar, tengo que validar que la gente puede hacer las cosas y si yo estoy o no estoy las cosas van a seguir. Cuando hablamos de un miedo es, por ejemplo, si estás viajando, ¿qué pasa si sucede un accidente?, ¿qué pasa si no estás? Estas son cosas en las que piensas. Alguien podría decir eso es miedo a la muerte, pero en mi sentir sería más bien algo como: ¿Qué pasa si no estoy con aquellos que dependen de mí? Ese vendría siendo un temor el cual me lleva a trabajar y a ser un pesimista optimista como dicen por ahí, o un pesimista proactivo. Para ello sugiero tratar de identificar todas las cosas malas que pueden pasar, tomar las medidas correspondientes y olvidarte del asunto para poder vivir, de otra manera estarías siempre angustiado todo el día.

— ¿Cuál crees que sea tu misión de vida?

— La misión de vida la he estado reflexionando mucho, de verdad. Creo que a veces la misión de vida puede ir ajustándose, pero si hay algo que me queda claro, como te dije antes, es la cuestión de generar un estado mental de crecimiento. Previamente hice un análisis en relación a lo que se le conoce como el *Ikigai,* viene siendo como el propósito de vida. Es una técnica proveniente del Japón, y hay 4 elementos cruciales: tienes que saber qué es lo que te apasiona, en qué tienes una habilidad real, qué es aquello por lo que la gente te paga y qué es aquello con lo que quieres dejar un mundo mejor, ¿cómo apoyar a que el mundo esté mejor? Al momento de hacer el análisis todo repercute en eso, en hacer que la gente logre tener un mejor estado mental.

En relación a este punto, hay algo que está muy involucrado, que yo critico mucho y trabajo para que pase lo menos posible: el exceso de información. Al final, la información masiva hace boba a la gente, la entorpece, no la deja pensar muchas veces y es difícil darse cuenta de ello. Por ejemplo, si tú tienes Netflix, Internet, y si usas Google, Facebook, Instagram, estos medios van a hacer que tu atención se centre ahí porque te generan placer, te distraes, captan tu atención y te entretienen, pero si en última instancia lo analizas, ¿qué te dejan? Pueden pasar años y si sigues bajo esa línea te puedes dar cuenta de que estás con mucha mayor edad, pero tus habilidades y tu desarrollo no han crecido absolutamente nada. Eso te genera una desventaja en relación a la gente nueva que viene. Siempre tienes que tratar, o por lo menos es algo que a mí me mueve, hacer que la gente no esté tan dormida, digámoslo así, sino que pueda aprovechar mejor el tiempo que tienen, "tempus fugit carpe diem".

— **¿Cuáles serían los tres consejos que le darías a la nueva generación, o sea a los Millennials, en cualquier área de sus vidas?**

— Por un lado, les diría que apliquen el estoicismo, es decir, la mentalidad estoica, que viene siendo lo que en su momento Marco Aurelio y otros grandes han mencionado y va muy ligado hacia ser fuertes. En la generación Millennials, y las generaciones que vienen debajo, que vendrían siendo la generación Z y otras nuevas por ahí, las cosas se les han dado de una manera muy rápida: la información ahí la tienen. No tienen que desgastarse tanto como las generaciones previas que, por ejemplo, en la escuela tenían que ir hasta la biblioteca a buscar algo para hacer su trabajo de investigación; no había Internet como tal. Ahora con el Internet y demás el mundo cambia, se adapta, y se hace más cómodo. Esa es la verdad, nos hacemos más dependientes de la tecnología.

»Ahora bien, el hecho de ser dependientes de la tecnología tiene sus problemas. Me ha tocado ver gente que a pesar de saber cómo llegar a un punto si no tienen *Waze* activado no pueden llegar. "Oye, sabes cómo llegar". "Sí, pero es que *Waze* me dice cuál es la mejor ruta".

"Pero tú sabes cómo llegar". Se sienten inseguros al momento de no tener el respaldo tecnológico. Entonces, la tecnología si la utilizas a tu favor está excelente, pero imagínate que no hubiese tecnología, que no hubiera *Ubers* u otras ciertas cosas. Alguien me podría decir, "Bueno es que sí existe y no hay que imaginar que no hay", pero tienes que tener opciones. Yo creo que en la vida una de las claves es que parte de la felicidad, o parte de la verdadera libertad, radica en tener opciones. Si no puedo tenerlo por un lado lo tendré por el otro y eso se genera cuando buscas diferentes maneras de hacer las cosas.

»Creo que las generaciones más jóvenes, o por lo menos aquellas a las que las cosas se les han dado de esta manera, han olvidado esta otra parte. En la educación es lo mismo, si te das cuenta, ahora pareciera que los maestros son los empleados de los alumnos, de tal manera que muchas veces al alumno no lo puedes hacer sentir mal porque esto lo puede afectar cuando crezca, sí, pero eso también es como meterlos en una burbuja. Y si algo sé es que el cambio es una constante y lo que hoy es mañana quizá no sea, entonces entre mayor adaptabilidad podamos tener, mayores opciones y oportunidades para poder subsistir serán parte de nuestro apalancamiento y podremos tener mejores resultados.

— **Cuándo empezaste tu canal de YouTube, ¿qué fue lo que te mantuvo consistente y persistente? ¿Qué fue eso que tú dirías que te mantuvo ahí siguiendo?**

— Creo que es parte de lo mismo del propósito. Esto que me dices se lo he comentado a varias personas en determinadas etapas. Les digo que, "lo difícil no es iniciar, lo difícil es mantenerse". Una frase que a mí me gusta comentar es, "La gente ama la gloria mas no la historia"; lo que te venden mucho es la gloria, "Este gana tanto, nada más pon un video y todo funciona perfecto", "Este puso un post en Facebook y todo mundo lo busca". Okay, esa es la gloria, pero cuéntame la historia. ¿Qué pasó antes de eso? La gente me dice, "Veo que tu canal se está monetizando bien y tienes mucha audiencia". Sí, pero durante un año no tuve nada de monetización, es más creo que fue un año y fracción, un año y tres o cuatro meses, porque no generaba las reglas que dice YouTube que tengo que hacer. Sin embargo, como es parte del propósito que te digo, es algo que independientemente de si tengo ganas o no, lo hago más allá de un resultado económico o de reconocimiento. Como te decía antes, ¿qué sucede si todo falla?, si todo falla no pasa nada porque el contenido está ahí y el que aprendió fui yo.

— **¿Tu crecimiento en YouTube fue lento o rápido? ¿Cómo dirías que fue? Desde que empezaste hasta ahora, ¿cómo ha sido?**

— No tengo un punto de referencia como tal, hay gente que crece muy rápido, mientras que hay otros que a lo mejor llevan tres veces más el tiempo que yo llevo y no tienen ni siquiera la décima parte. Mi crecimiento lo considero más bien como consistente, no ha sido abrupto. El canal lo libero en noviembre del 2017 (ya existía desde el 2014, pero no había nada, había puesto un par de videos y ya), cuando decido poner el programa del podcast dentro de él para iniciar, con lo que empieza a generar audiencia, poco a poco. En junio del año pasado la cantidad de subscriptores que habían era alrededor de 7.000. Ahora, un año después, estamos por llegar a los 70.000. Al principio fue muy lento, sin embargo, tuvo un incremento que ha sido consistente.

— **Exponencial, sí.**

— De esta manera, empieza a darse el crecimiento, sin embargo, no existe un pico. Es decir, hay quién te dice "un día tenía 5.000 y al día siguiente tenía 20.000 subcritores", pero esto no sucede así. Algunas recomendaciones que le diría a la gente es que, dejen que su trabajo hable por ustedes, que sea de valor, que sea orgánico. Se venden siempre subscriptores, herramientas para incrementar las vistas, pero no es auténtico. Si lo que quieres hacer es algo en el largo plazo (este es un proyecto de largo plazo), de entrada necesitas tener esa mentalidad. Las bases son las que te dije antes: congruencia y constancia, consistencia y disciplina. Sobre esa línea es que las cosas pueden funcionar. Pienso que el canal va bien en relación de cómo se ha ido trabajando, porque no hemos notado que baje, siempre va hacia la alza, pero de una manera consistente, no abrupta.

MONETIZAR

Ganando dinero como Influencer

Si quieres sobrevivir en esta industria, debes encontrar una manera de monetizar tus conocimientos. Debes tener un objetivo a corto, mediano y largo plazo para ganar dinero. Sí, al principio es increíble crear contenido y estás emocionado y feliz por hacerlo, pero si quieres sobrevivir y adoptar esto como algo a largo plazo, debes planear seguir creando contenido y generar ganancias. Sé que "mucho dinero" no es la principal motivación aquí, pero debemos tener en cuenta eso para sobrevivir. Además, es mejor ganar dinero con algo que nos apasiona.

Muchos comienzan un canal solo por diversión, sin embargo, luego la vida se llena y las responsabilidades en el camino hacen que una gran parte de estas personas abandonen el canal debido a factores externos. Por ello, si tienes un plan para reemplazar tu ingreso actual, entonces excede ese ingreso y haz lo que amas, date la libertad de hacer lo que amas. Hacerlo te incentivará a trabajar en esto no solo como un hobbie sino que lo verás como un ingreso sostenible a largo plazo.

Mi misión es inspirar a las personas a hacer lo que aman y con la tecnología actual y la plataforma de redes sociales nunca había sido tan fácil hacerlo. Tenemos que buscar formas de monetizar lo que hacemos. Digamos que eres un chef y te encanta cocinar, puedes crear un canal de cocina que se especialice en cierto tipo de alimentos. Tu primer objetivo podría ser monetizar este canal con Google Adsense, luego a mediano y largo plazo puede ser visto por una compañía más grande que podría pagarte para presentar sus productos y servicios. También es posible que desees promocionar productos afiliados en tu nicho o incluso unirte a un negocio hogareño exitoso y formar un equipo exitoso a tu alrededor. Las posibilidades son infinitas.

Hay muchas formas de ganar dinero como influencer, comenzando con publicaciones pagadas. No obstante, para mantener tu reputación, te recomiendo evaluar las ofertas que recibes antes de promocionarlas. Después de todo, una publicación puede servir como respaldo, por lo que debes tener cuidado con quién alineas tu marca.

Por otra parte, puedes pensar que solo los influencers experimentados con un gran número de seguidores son contratados para crear publicaciones y artículos que resaltan la marca de alguien, pero eso está lejos de ser cierto. Muchas empresas siempre están en busca de micro influencers que están comenzando a establecerse en el mercado, porque a menudo son más identificables que aquellos que han estado haciendo esto por algún tiempo.

Entonces, no te descartes, incluso si recién estás comenzando. La clave es poder mostrarle a un cliente potencial que te estás estableciendo como líder en tu mercado y que tu audiencia está creciendo constantemente. En función de esto, tu crecimiento no puede estar estancado. Siempre debes crear suscriptores, conectarte con tu audiencia y agregar más combustible al fuego de tu marca. Las marcas buscan personas influyentes y persuasivas que puedan ayudarlos a conectarse con nuevos clientes y debes demostrar tu capacidad de hacer esto por ellos.

Otra cosa importante a tener en cuenta al aceptar el trabajo pagado, es ser siempre transparente con tu audiencia. Al igual que en el marketing de afiliación, donde es importante notificar a los lectores que puedes ser compensado por recomendar productos o servicios, cuando se trata de crear publicaciones pagadas se aplica la misma regla. Créeme, deseas ser sincero sobre tu relación con tus clientes y dejar que las personas sepan que puedes ser compensado por la publicación. Lo que menos quieres es dañar tu reputación o marca al no revelar esta información, además es probable que tu audiencia se entere más tarde.

Si te contratan para crear publicaciones pagadas a través de las redes sociales, una manera fácil de notificar a tu audiencia es agregando, "Asociación paga con NOMBRE DE LA COMPAÑÍA" debajo de tu nombre de usuario de redes sociales, o dentro de la publicación misma. También puedes etiquetar la publicación con el hashtag #ad o #asociación para aclarar más. Incluso puede darse el caso en el que terminas siendo un embajador de la marca. Las empresas contratan personas influyentes para ayudarlas a crear conciencia de marca y pagarles en base a un estilo de retención. El influencer es responsable de ayudar a una empresa a ajustar y mejorar su compromiso, y promover sus plataformas de redes sociales para expandir su alcance.

¡Bien, entonces estás listo para comenzar a ganar dinero como influencer! El siguiente paso es comenzar a atraer a los patrocinadores y asociaciones adecuados. Una de las formas más fáciles es comenzar a buscar asociaciones o clientes por tu cuenta, simplemente buscando hashtags que sean utilizados por otras personas influyentes. Esta es una manera fácil de identificar rápidamente quién está contratando personas influyentes y qué tipo de publicaciones les interesan. La clave es aprender lo más posible sobre tu patrocinador promedio y tu audiencia. Asegúrate de que sus seguidores se alineen con los tuyos para crear una asociación mutuamente beneficiosa que impulse a ambas marcas.

Por otra parte, cuando se trata de precios, es primordial pasar tiempo evaluando la tarifa actual para diferentes tipos de oportunidades. Ten en cuenta que subestimarte significa que también estás devaluando tu marca y minimizando lo que traes a la mesa. A menudo, las compañías mirarán más allá de aquellos que están cobrando tarifas ridículamente bajas en favor de una marca que conozca su valor. Las tasas más altas a menudo equivalen a tener un mayor valor percibido, así que ten esto en cuenta al determinar lo que planeas cobrar a los posibles clientes.

Tus tarifas también se basarán en si se trata de una sola vez o de si la compañía planea contratarte regularmente. Considera dar precios especiales a clientes a largo plazo. Además, debes basar tus tarifas en las plataformas que a ellos les interesa que uses. Si tus seguidores en Pinterest son solo la mitad del tamaño de tus seguidores en Instagram y una empresa solo se enfoca en Pinterest, tus tarifas deberán ajustarse en consecuencia.

Por último, siempre sea sincero y honesto con las compañías que lo contratan. Si todavía está trabajando para crear seguidores en una plataforma, pero siente que el poder de su marca es más fuerte en otra, infórmeles que desea construir alianzas de confianza a largo plazo con clientes que sepan que pueden contar contigo.

Entrevista No. 5.
RAFAEL MUÑOZ

Youtube: Mugu www.youtube.com/Mugu

Página: rafaelmugu.es

Twitter: www.twitter.com/rafaelmugu

Instagram: www.instagram.com/rafaelmugu/

Facebook: https://www.facebook.com/rafaelmugu

Perfil

Especialista en Marketing Digital, inspira a personas de todo el mundo a desarrollar su talento para alcanzar las máximas oportunidades en la vida. Rafael Muñoz, conocido en la red como Mugu, es Youtuber (creador de contenidos en vídeo) donde el Marketing Digital es el principal protagonista.

Su puesto de trabajo en una multinacional española fue el primer objetivo cumplido del canal y hoy sube vídeos cada semana acumulando alrededor del 1.000.000 de visualizaciones. Apasionado de las personas, la comunicación y la tecnología, trata temas relacionados con el crecimiento personal/profesional a través del Marketing Digital, la marca personal y el social media.

Es Licenciado en Publicidad y RR.PP. y está especializado con un Máster en Comunicación y Marketing Digital. Su historia está rodeada de aprendizaje continuo y llena de momentos donde ha podido inspirar acción en los demás. Es por eso que, además, es conferenciante e imparte formación a personas/empresas para ayudar a alcanzar sus objetivos. Nada de esto sería posible sin una dedicación perseverante en todo trabajo que lleva a cabo. Para madurar los diferentes objetivos que se prestan en el ámbito del Marketing y la Comunicación es necesario tiempo, por ello es clave la constancia como actitud personal.

Entrevista

— ¿Qué hacías antes de empezar el canal de YouTube?

— Realmente yo antes de eso siempre he sido lo que se llama un prosumidor, un creador de contenido en otras plataformas, otros canales de comunicación y además siempre he estado consumiendo mucho contenido desde pequeño. Siempre he estado creando podcasts, blogs, medios de comunicación a través de los cuales me he podido expresar al mundo. Al final, lo que se resume en todo esto es mi amor por la comunicación. Siempre he intentado crecer en internet, que ha sido el medio a través del cual me he podido expresar y sobre todo me ha permitido conectarme con el mundo entero.

Antes del canal, siempre he intentado llegar a las personas de alguna o de otra manera a través de los medios de comunicación, sobre todo internet, siempre a pequeña escala. Sin embargo, YouTube me permitió hacerlo a gran escala. Pero desde el comienzo cuando tenía 5 personas a través de un podcast o 20 personas a través de un blog, eso a mí ya me emocionaba. Desde mis inicios he estado haciendo algo relacionado con la comunicación. No sé si eso es lo que me estás preguntando, pero bueno.

— **Sí, exactamente es eso lo que te estoy preguntando. Y, ¿cuándo iniciaste en este mundo de crear contenido online? ¿Cuánto llevas creando contenido?**

— Contenido online llevo creando desde que soy un adolescente, de alguna u otra manera, por mi amor a la comunicación. Al final, siempre me defino como amante de las personas, la comunicación y la tecnología, ese es mi triángulo. Desde joven he estado creando contenido, en diferentes canales, como te he comentado, lo que pasa es que esa actividad se ha profesionalizado a medida que yo he ido creciendo, pues he ido entendiendo a lo que me quería dedicar en la vida.

— **Yo creo que esta respuesta responde a la próxima pregunta, que es, ¿qué te animó a empezar el canal de YouTube? Porque muchas personas antes de iniciar YouTube o iniciar en este mundo de online marketing, hacen otro tipo de profesión totalmente diferente a lo que es online marketing, pero como te digo esta respuesta responde a ambas preguntas, a qué hacías antes y qué te animo a empezar el canal de YouTube, a no ser de qué quieras añadir algo sobre qué te animó a empezar en YouTube.**

— Sí, quiero añadir algo. Cuando empecé en YouTube tenía dos canales y ahí es donde volcaba esas necesidades de comunicación que te comentaba, pero sin orden, no era coherente, un día hablaba de política, otro día de fútbol, de cine, y era una especie de cajón de sastre, no tenía orden ni concierto. El punto de inflexión realmente de cambiar esa actividad en YouTube un poco casera a hacerlo profesional fue cuando salí de la universidad. En una de mis primeras entrevistas de trabajo un entrevistador en el momento que entré me dijo "Tú eres el de los videos". Eso para mí significó muchísimo porque yo creía que ese canal de YouTube que no tenía coherencia no lo veía nadie, y ahí me di cuenta de la realidad. Salgo de los estudios, me voy directamente al mercado laboral y me doy cuenta que lo que hago en internet tiene una repercusión en la realidad.

Y era mi futuro, entonces ese choque con la realidad me vino muy bien porque no me cogieron de esa entrevista de trabajo y sin embargo, me llevé un contacto muy valioso, que es el de este entrevistador que me dijo que veía mucho potencial en mí, pero que no estaba siendo muy coherente con mi marca personal, es decir, él veía todo lo que yo le decía que era capaz de hacer, con los estudios que tenía, pero no lo veía en los videos, no lo veía en internet. Así pues, esa fue mi primera motivación real, encontrar trabajo, salir de la universidad y decir, "Es que esta es una herramienta, tengo que ser coherente con lo que estoy contando y tengo que darme a conocer a las empresas, enseñar quién soy". Aproveché esas virtudes de los medios digitales, que ya lo hacía desde pequeño, pero ahora orientándolo para trabajar de lo que me gustaba. Y, tengo que decir que la verdad es que, a los dos meses de abrir mi canal en YouTube (youtube.com/Mugu), comprar mi dominio (rafaelmugu.es), hacer mi página web y subir contenido en video, conseguí trabajo en una empresa multinacional donde actualmente llevo 5 años trabajando.

Antes de la entrevista en ese trabajo, ya había ganado mucho; la confianza de los que me habían visto, que vieran en mí mucho más que un currículum con estudios de alguien que dice que tiene esta carrera, a alguien proactivo, trabajador y constante. Mucha información que había en los videos la conseguí gracias a mi marca personal, al saber transmitir esos valores a través de ella. Ese fue mi primer objetivo real del canal que tengo actualmente: encontrar trabajo.

— **¿Qué estudiaste en la universidad?**

— Estudié la licenciatura de publicidad y relaciones públicas. Cuando terminé la carrera de publicidad, estudié el máster en comunicación y marketing digital, pero ya eso lo estudié trabajando en esta empresa, lo que me permitió un beneficio doble; primero, estoy trabajando y ya puedo ser libre económicamente, pero además estoy aprendiendo la profesión de marketing digital que era mi objetivo y lo he ido aplicando en el trabajo real, una empresa real. Yo creo que eso es muy importante porque muchas veces cuando estudiamos no tenemos como...

— **Una experiencia práctica.**

— Claro, porque el mundo de las empresas es diferente, los clientes son diferentes, la presión, el día a día, los compañeros, etc. Y permitirme estar estudiando eso y aplicarlo ha sido genial. La verdad es que esta empresa me dio mucha confianza desde el primer día, me dio el apartado digital desde el primer día. Y esa confianza ha tenido sus frutos y bueno, llevo 5 años ahí y estoy muy contento la verdad.

— **¿Cuál es tu mayor inspiración?**

— ¿Actualmente?

— **Sí, sí.**

— Vale, una vez conseguido esto que te he contado de mi primera motivación, que fue encontrar trabajo, ya como trabajador en esta empresa, me di cuenta que mi objetivo en YouTube había cambiado, que mi motivación había cambiado y, sin embargo, mi canal era el mismo. Vi que había algo que tenía que modificar porque mi motivación ya no era, "Tengo que subir videos para que me vean y encuentre trabajo". Ahora el trabajo ya lo tenía y debía que encontrar mi motivación real. Fue un proceso por cual tuve que pasar, tardé 6 o 7 meses. Entendiendo que quería seguir subiendo contenido a

YouTube porque lo amo, amo el canal, amo el video como medio de comunicación y me encanta estar en contacto con las personas, pero tenía que tener muy claro cuál era mi objetivo porque ya no era encontrar trabajo. Entonces, me di cuenta, hablando con muchas personas, preguntándole a los suscriptores y viéndome a mí mismo desde fuera, que realmente la motivación que tenía era inspirar a los demás, ya que esa era mi motivación desde pequeño, pero no le había sabido dar forma.

Desde esa posición de, "Ya tengo mi trabajo, puedo seguir creciendo profesionalmente, quiero seguir mi actividad en internet, no me voy a parar", sumado a que, sobre todo estaba ese deseo de inspirar a los demás busqué la forma de pasar de compartir sólo contenidos teóricos, que era lo que hacía al principio (era una especie de Google que transmitía contenidos teóricos), a ser un amigo, un mentor en marketing digital, que es lo que soy actualmente. Es decir, que aquellas personas que pasan por mí misma situación tengan al otro lado de la pantalla a alguien y sepan que cada domingo van a tener ahí a ese amigo y que le van a poder transmitir su confianza, sus dudas, sobre todo una audiencia internacional que es lo que a mí siempre me ha motivado tanto. Mi motivación, podemos concluir que es eso, es ayudar, es inspirar a los chicos, a que descubran, a que vivan lo que es el mundo del marketing digital.

»Especialmente en YouTube no se suele ver ese tipo de contenido. Solemos ver contenido de Gameplay, este tipo de cosas que se identifican más con los jóvenes. Pero, creo que es muy importante que sepan que las herramientas digitales te pueden cambiar la vida, te pueden hacer un futuro. Me ha pasado a mí, y yo quiero transmitirlo, no de forma teórica como lo hacía al principio, ya no creo que sea el objetivo porque en Google te lo encuentras todo, si no con ese amigo que está allá atrás que te puede ayudar y que entiende tus emociones. Esta es la clave de todo, en mi opinión.

»Yo siempre digo que para conseguir el desarrollo personal es muy importante tener un equilibrio en la vida, tanto el lado profesional y el lado personal. Es lo que he sabido transmitir a través del video, porque al final el video es mi lenguaje, es por lo que creo en este canal, creo por encima de todo porque transmite emociones, transmite muchísimo en poco y eso lo he podido entender. También me motiva mucho ver como la audiencia sigue creciendo. He disfrutado con cada nuevo suscriptor desde que tenía solo cientos de ellos. Ahora que somos miles me emociona mucho, levantarme cada mañana y leer comentarios de personas de todo el mundo; España, México, Chile, Perú, etc. Esto es YouTube, esto son las redes sociales, esto es Internet y por eso me enamoré.

— Me gusta mucho de lo que hablo y te puedo hablar muchísimo de esto.

Bueno al final quiero resumirte eso, que el video en sí me gusta mucho como herramienta, que me motiva como herramienta también, porque es capaz de informar y emocionar como ningún otro medio.

— Claro y te están viendo, te conecta con tu audiencia.

— Y te posiciona muchísimo en internet, ya desde el punto de vista empresarial me estoy dando cuenta que es el formato con más R.O.I (retorno de la inversión); tiene mucho *engagement*, transmite confianza, credibilidad, etc. Son un montón de cosas y sí es verdad que todo el mundo no es capaz de ponerse ante una cámara, pero cuando saltan esa barrera si sabes transmitir tienes muchísimo ganado. La verdad es que yo me siento muy a gusto en ese medio y bueno, ahí estoy, intentando inspirar a los demás.

— ¿Cuál es tu próxima meta? Digamos en cuestión profesional.

— Mi próxima meta, es una pregunta que me hicieron hace poco en el canal, y te voy a ser muy sincero, siempre tengo la necesidad de seguir creciendo, no me puedo quedar estancado, y eso actualmente no se traduce a una meta de, "Necesito llegar a este punto", o encontrar trabajo, como me pasaba antiguamente. Mi meta actual es, necesito hacer lo que me gusta, en este campo lo tengo muy identificado y es inspirar a los demás, y sé que una cosa me va a llevar a la otra y que voy a terminar creciendo. Algunas cosas que he podido experimentar en estos últimos dos años son, por ejemplo, que yo nunca había dado una ponencia y gracias a mi trabajo en YouTube me invitaron a una, esa ponencia me llevó a un programa de radio, ese programa de radio me llevó a Madrid a una ponencia más importante en Gran Vía, eso me llevó a Salamanca, luego me llevó otra vez a Sevilla, a un programa muy importante de aquí de Sevilla.

Lo que te quiero contar con esto es que mi objetivo sobre todo en YouTube es seguir creciendo, es una cosa muy importante para mí, pero haciendo lo que me gusta. Tengo muy claro que haciendo lo que me gusta, transmito a los demás, hago mi trabajo muy bien y ayudo a los demás, y eso siempre tiene resultados desde el punto de vista empresarial y personal. Entonces, quiero seguir creciendo, quiero romper barreras, quiero salir de España, quiero conocer a otras personas que me inspiren, me gusta muchísimo aprender de los demás. Es que son tantas cosas que no sé realmente dónde está mi techo.

— **Y si escogieras algo que tengas pensado... las personas que estamos en desarrollo personal, por ejemplo, en mi caso, me fijo metas. ¿Cuál sería la próxima tuya? Obviamente, eres muy exitoso en YouTube, conectas con tu audiencia, y quieres seguir creciendo** e inspirando a más personas, pero digamos fuera de YouTube, en este mismo ramo, ¿cuál sería tu próximo escalón?

— ¿Fuera de YouTube?

— **No, puede incluir YouTube, pero fuera de crecer en YouTube, ¿cuál sería el próximo escalón, que dijeras "Para la próxima meta quiero alcanzar esto"?**

— Hay algo que he pensado muchísimas veces que es, poder llegar a vivir de mi marca personal, es decir, yo actualmente trabajo en una empresa y compagino mi actividad en YouTube con mi actividad de lunes a viernes, en una oficina sentado, me gustaría poder vivir de mi marca personal al 100%. Tengo ingresos de mi marca personal pero no son los ingresos que me pueden permitir hacer lo que me gusta. Si eso se llevase a cabo, se abrirán muchísimos campos en mi vida, sé que es algo complicado, que no es algo fácil de realizar, pero sé que a largo plazo se puede conseguir perfectamente.

— **¿Cuáles serían los tres consejos que le darías a las personas que más quieres en esta vida? Tres consejos, ya sea en lo laboral o personal, en cualquier área de la vida.**

— El primero sin duda sería que solo se guíen por su brújula interior, es decir, que hagan lo que les gusta en la vida y que no se guíen por "voy a hacer esto porque tiene más salida, voy a hacer esto porque lo dicen mis padres, voy a hacer esto porque es lo que debo", no, realmente la gasolina debe surgir desde tu interior porque es la que te va a permitir llegar más lejos luego y es lo que sin duda a mí me ha marcado muchísimo. Haz lo que te gusta porque así le vas a poner muchísimo empeño, te va a salir mejor que a nadie y te van a surgir las oportunidades sin duda. El segundo seria la constancia, ser constante, porque por mucho que te guste algo, si no eres constante en ello, no vas a llegar a nada. YouTube es algo que ejemplifica muy bien todo esto, porque es una red muy bonita pero muy exigente, si no eres constante no vas a conseguir nada en YouTube y eso lo he visto a lo largo de los años. Esta ley la llevo a mi vida en general, soy constante en todo lo que hago. Nunca he sido un chico de sacar 10 en toda la universidad, siempre he aprobado, siempre he sido muy responsable, pero sobre todo por mi constancia y he sido consciente de ello y eso me ha permitido crecer.

Probablemente, el tercer consejo sería: rodéate de gente que sepan más que tú. A mí eso me ha servido mucho, porque al final te enseña que así nunca dejamos de aprender, y luego con el tema de "rodéate de gente" aclaro: rodéate de los que te quieren, no intentes hacer la guerra tú solo porque vas a tener momentos bajos, vas a tener momentos muy duros y al final somos seres sociales que necesitamos afecto, apoyo y eso es algo que he echado muchísimo de menos con mi situación personal desde pequeño. Me he creado a mí mismo, soy autodidacta digamos y he encontrado ese apoyo en internet y eso yo creo que es fundamental porque si no tenemos esa gasolina emocional tampoco vamos a llegar a ningún sitio.

— **Como seres humanos por más que seamos positivos y manejemos nuestra mente, todos tenemos aquellos días donde la energía está un poco baja. ¿Tienes alguna estrategia o mecanismo que quisieras compartir con las personas que están leyendo este libro? Diferentes personas tienen diferentes estrategias, ¿Cuál sería la tuya?**

— ¿Para seguir adelante te refieres?

— **Cuando te levantas y como que no quieres hacer nada, tu energía está baja, ¿qué haces en esos momentos donde de pronto no estás**

al 100% como cuando te levantas lleno de energía, contento y feliz?

— Diría que visualices tu meta. Es muy importante que tengas tu meta siempre en mente y que sean metas que se puedan alcanzar. Si queremos por ejemplo correr una maratón de 20km, me voy a levantar hoy y voy a hacer 1km, voy a intentar mañana hacer 1 y medio, voy a intentar ponerme pequeñas metas que me vayan motivando a la meta final. Eso siempre lo aplico cada día que me levanto, siempre tengo una meta diferente y siempre suma. Son pequeñas metas que suman a una final, eso es muy importante, tener objetivos a corto, medio y largo plazo.

— **¿Haces visualización en la mañana, gratitud, escribes, escuchas música que te anime o haces ejercicio?**

— Sí, hago muchísimo ejercicio y es fundamental, si no hiciera ejercicio no tendría el equilibrio necesario porque además de pasar mucho tiempo sentado delante de un ordenador trabajando, el cuerpo necesita al final expulsar o segregar esa sustancia en la mente y equilibrarse. Luego escucho muchos podcasts, muchísimos, de personas relacionadas con el mundo del desarrollo personal y del marketing digital por supuesto.

— **¿A quién admiras más?**

— Hay un emprendedor español de Barcelona que también es Youtuber y que fue uno de mis referentes en el mundo de la influencia digital, es Euge Oller, no sé si lo conoces.

— **No.**

— Euge Oller es un empresario muy joven, de mi edad, que ha tenido muchísimo éxito en el mundo del emprendimiento. Él se dedica a emprender empresas y a aconsejar. Y, me fijo mucho en él porque además utiliza muy bien el canal de YouTube, utiliza muy bien los podcasts y me siento muy identificado personalmente con él en su situación, ha sido uno de mis referentes. En el mundo del marketing digital, por supuesto Juan Merodio, es uno de los referentes de habla hispana en el marketing digital y que tuve la suerte de entrevistar hace poco en mi canal y la verdad es que aprendo muchísimo con sus contenidos.

— **¿Cuál dirías que es tu punto más fuerte en tu personalidad?**

— La constancia.

— **¿Y el punto más débil?**

— El punto más débil puede ser, a ver cómo decirlo, como traduzco esto, en una palabra, mi madre siempre dice que soy muy cabezón, es que no sé cómo traducirlo, en una palabra. Para mí es difícil cambiar de opinión y eso a veces me suele traer problemas, estoy tratando de cambiarlo.

— Cuando estamos chicos nuestros padres y seres queridos siempre quieren lo mejor para nosotros, pero se nos inculca a no cometer errores. Sin embargo, sabiendo que cometer errores es bueno porque así aprendemos y así crecemos, ¿cómo tomas tú los errores que has cometido y que le aconsejarías a las personas que le temen a cometer errores?

— Todos cometemos errores, partiendo de esa base, porque somos personas y el error es necesario para crecer, si no hay error no creces. Yo cometo los errores como una oportunidad para aprender. Una vez me dijo un profesor en la universidad que una crítica era un regalo, "Tómate el error, la crítica, los obstáculos del camino como un regalo porque te van a permitir ser mejor de lo que eras antes de llegar a él". Eso a mí me ha marcado desde siempre.

Como te digo desde pequeño nunca he tenido un referente por mi situación personal y familiar, no he tenido un referente al que seguir, al que imitar y al final mi camino lo he hecho yo con mis errores, es decir, prueba, error, prueba, error y así. He ido definiendo primero quién soy, qué es lo que me gusta, qué es lo que quiero hacer en la vida y qué aprender de cada error. Es muy importante aprender de ellos, sino no llegamos a ningún lado, nos quedamos dando vuelta en una rotonda y no vamos a ningún lado. Eso lo tenemos que tener muy claro. También hay que hacer también mucha autocrítica tanto en la vida personal como la profesional y te aseguro que, si eres capaz de mejorar eso, llegarás a donde te propongas.

— **¿Cuál crees que sea tu misión de vida?**

— ¿Mi misión de vida?

— **Sí, todos nacemos con un propósito y una misión, creo que nadie nace por accidente. A ti te gusta inspirar, educar, compartir, te gusta que sea práctico, que sea útil. Entonces, con todas esas cualidades que has compartido con nosotros, ¿cuál crees que sea esa misión de vida para la que naciste?**

— Complicado, es muy complicado.

— **¿Inspirar?**

— Sí, sin duda, es eso lo que pasa es que pienso en muchas situaciones y al final mi felicidad siempre se encuentra detrás de cuando yo he sumado a alguien, en cualquier terreno. A cualquier persona que conozco me gusta sumarle de alguna manera, si no le sumo no estoy siendo yo mismo. De alguna manera es eso, inspirar, aportar a los demás o intentar de que su vida sea mejor por haberme conocido de alguna manera. Yo creo que va por ahí.

— ¿Cuál es tu mayor miedo y cómo lo manejas? En general.

— Mi mayor miedo creo que es dejar de tener hambre, dejar de hacer las cosas que me gustan o hacer las cosas por obligación, dejar de tener esa motivación interior que me lleva a hacer las cosas. Ese es mi mayor miedo porque cuando tengo motivación no me para nada. No tengo un miedo eterno, no me dan miedo los obstáculos, no me dan miedo los esfuerzos, no me da miedo nada, pero si la piedra la tengo en mi propio zapato, eso sí me daría miedo. Creo que al día de hoy no he tenido nunca esa sensación. Sí he tenido la sensación de cansancio en el camino. "Estoy cansado porque estoy saturado de muchísimas cosas y tengo que empezar a priorizar", eso lo he vivido. Pero no ha llegado el momento de, "Es que no quiero hacer esto porque no me llena". Miedo me da quedarme sin hambre.

— **Y para aquellas personas que quieran empezar un canal, Instagram, una de las redes sociales o tener un negocio en línea, ¿qué consejo le darías?**

— Lo primero que les diría es que se especialicen mucho en algo. Hay muchos suscriptores que me dejan comentarios sobre este tema. Recuerdo un suscriptor de hace una semana que me dijo, "Me gusta la magia, me gusta el deporte y quiero hacer un canal de todo esto" y yo le decía, "¿Cuál es tu objetivo? Si tu objetivo es tu autorrealización, hazlo, perfectamente, sigue con ello, si tu objetivo es llegar a un público especialízate en algo porque ponte en el lugar de él que te está viendo y no ve una coherencia, algo consistente, algo específico". Es muy importante que nos especialicemos, que nos definamos, que hagamos algo concreto sobre algo porque es la única manera de crecer hoy en día, por lo menos en internet en canales como YouTube, porque hay muchísimos canales, muchísima competencia y si quieres llegar a tener resultados tienes que realmente especializarte mucho.

Después, la constancia, por supuesto lo que hemos dicho anteriormente. Te tienes que marcar, yo por ejemplo me marqué a principios en YouTube, "Voy a subir un video a la semana y no voy a fallar" y así he estado durante 4 o 5 años sin fallar y todos los suscriptores saben que el domingo a las 6 p.m. hora española tienen un video de Mugu en el canal, además de que así YouTube que te ve como a alguien fiable y te va posicionando. Los suscriptores, sin decirles nada, ya saben que van a tener su video a las 6; esa constancia es muy importante. También, que vivan esa pasión que tienen realmente, les tiene que gustar lo que vayan a hacer. Hay gente que me dice, "Mira a mí el tema del marketing digital no me interesa nada, pero veo tus videos por lo que me transmites porque veo que estás disfrutando lo que estás diciendo y eso me transmite", a eso es lo que me refiero, disfruta todo lo que haces porque vas a llegar a gente que a lo mejor no le gusta lo que estás contando, pero le llenas como persona.

— Hacer lo que te apasiona.

— Efectivamente. Y que nos escuchemos, también es muy importante, además de a los suscriptores, escucharnos a nosotros mismos porque nuestra vida evoluciona y nosotros evolucionamos también como profesionales y nos tenemos que ir adaptando a lo que somos y a lo que nos gusta, porque no somos seres estáticos. Yo al principio hacía videos para conseguir trabajo y hoy hago videos de otra manera, es decir, te tienes que escuchar en tu interior, yo creo que eso es muy importante también.

— **¿Cuáles serían las tres palabras que las personas que más te quieren y más te conocen dirían de ti?**

— Inteligente, alegre y constante, me lo dicen mucho la verdad.

— ¿Qué quisieras comentar con la audiencia que está leyendo en este momento este libro? Un consejo que quieras dejarles.

— A ver que piense un poco, es que no quiero repetir lo que he dicho anteriormente.

— **Si no hay más que añadir estaría bien hasta ahora, hay personas que quieren añadir un poco, hay otras ocasiones en las que ya está todo cubierto en las preguntas, es solamente como un anexo.**

— Al final, como trabajador de los medios sociales, que vivo todos los días en ello, paso más tiempo en ellos que afuera, diría que aprovechasen la fuerza de los medios digitales. Actualmente hace falta muchísima educación digital, desde la infancia, porque realmente se puede sacar muchísimo partido a esta tecnología y sobre todo desde el punto de vista también profesional, que es algo que me ha marcado a mi muchísimo y quiero transmitir a los demás. Que vean los medios sociales como una oportunidad, como un sitio en el que hay personas detrás, que no veamos solamente números y letras, hay personas detrás que realmente te están viendo. Tener la posibilidad de llegar a esas personas desde tu casa es una cosa única en la historia y el límite lo pones tú. Yo he llegado a hacer proyectos con gente de México, de Perú, desde mi casa sentado sin haberme movido de mi ciudad, y eso para mí tiene un valor increíble. Por lo tanto, que aprovechen los medios digitales que están a su mano, que interactúen muchísimo con las personas que están detrás porque al final lo que nos llevamos en la vida siempre son las personas; vamos a olvidarnos de todo tipo de cosas que nos marean la cabeza, que las personas son las que realmente nos van a marcar en la vida.

Asimismo, que dejes tu huella, pienso que es lo bonito de todo esto. Siempre he intentado dejar mi huella en todo lo que he hecho, en internet tenemos la ventaja de que queda para siempre. ¿Qué es más bonito cuando se dejaba la huella en la luna o que cuando nosotros nos vayamos de este planeta dejemos nuestra huella en internet? Yo sin duda la dejaré en YouTube, eso lo tengo claro.

— Excelente Rafael, muchas gracias por tu tiempo.

Conclusión

En resumen, conlleva tiempo aumentar el número de seguidores y conectarse con la comunidad, pero la clave es mantenerte constante y hacer todo lo posible para interactuar y comunicarte siempre con tu audiencia. Igual de importante es proporcionar el mayor valor posible para que no solo los clientes potenciales vean tu compromiso de ofrecer contenido de alta calidad, sino que también lo noten los socios potenciales. Cuanto antes puedas ponerte en su radar, mejor, y no hay mejor manera de hacerlo que creando un contenido que haga que la gente hable.

También ten presente esto: centrarte en la comunidad primero. Considera crear tu propio grupo de Facebook, sitio de membresía o programa de capacitación. Estas herramientas ayudan a establecerse como un experto y líder en el mercado.

Y, sobre todo, nunca te rindas. ¡Tú puedes!

Acerca de Irma Bermúdez

Website: www.irmabermudez.com

Youtube: https://www.youtube.com/c/irmabermudeztv

Quien es Irma Bermúdez

Irma Bermúdez, escritora, conferencista, presentadora de radio, fundadora de Vida y Éxito y otras marcas. Creció en la ciudad de Londres y comenzó su primera aventura comercial a los diez años. Irma tiene una pasión por dar y ayudar a otros, su familia apoyo esta cualidad en ella de tener negocios a muy temprana edad.

Irma asistió a la Universidad Metropolitana en Londres y obtuvo una licenciatura en Contabilidad y Finanzas. Se proyectó a que algún día podría abrir su propia firma de contadores y ayudar a comerciantes a manejar mejor sus finanzas. Mientras logró cumplir este sueño y tener su propia firma, se dio cuenta que no estaba cumpliendo con su misión en esta vida, un día fue a una conferencia de mercadeo en línea; el cual le fascinó, decidió dejar su firma y aprender de los mejores en la industria, viajo a varios países para aprender lo último en tecnología y mercadeo, al principio practicaba diferentes modelos para ganar dinero en línea pero siempre supo que su pasión estaba en ayudar a otros a tener más éxito en sus negocios y con su experiencia en finanzas y mercadeo decidió abrir una empresa para asesorar a sus clientes en marketing empresarial, Irma ha tenido varios negocios creando varias marcas. En estos momentos dedica la mayor parte de su tiempo en su Editorial Newbridge Publishing Ltd, es una editorial basada en Londres, donde le enseña a otros profesionales a posicionarse en el mercado por medio de un libro, modelo de negocio que hoy en día abre las puertas al mundo hispano. También hace bootcamp para escritores en Europa y talleres de cómo escribir y publicar tu propio libro.

ACCION: QUE VAS A HACER EN LOS PROXIMOS 30 DIAS

_____

_____

_____

_____

_____

_____

_____

_____

_____

_____

_____

_____

_____

_____

_____

_____

_____

_____

ÚNETE AL GRUPO DE INFLUENCERS

Visítanos en línea para concursos, libros gratuitos, ofertas especiales, clips de películas, entrevistas, eventos, conferencias y las últimas noticias sobre nuestros libros y autores.

www.elcodigodelosinfluencers.com

www.ingramcontent.com/pod-product-compliance
Lightning Source LLC
Chambersburg PA
CBHW022039190326
41520CB00008B/641